AS FASES DO SUCESSO

O conhecimento abre as portas para uma
vida de infinitas possibilidades

Editora Appris Ltda.
1.ª Edição - Copyright© 2020 dos autores
Direitos de Edição Reservados à Editora Appris Ltda.

Nenhuma parte desta obra poderá ser utilizada indevidamente, sem estar de acordo com a Lei nº 9.610/98. Se incorreções forem encontradas, serão de exclusiva responsabilidade de seus organizadores. Foi realizado o Depósito Legal na Fundação Biblioteca Nacional, de acordo com as Leis nᵒˢ 10.994, de 14/12/2004, e 12.192, de 14/01/2010.

Catalogação na Fonte
Elaborado por: Josefina A. S. Guedes
Bibliotecária CRB 9/870

S698f 2020	Soncella, Luzia Aparecida As fases do sucesso : o conhecimento abre as portas para uma vida de infinitas possibilidades / Luzia Aparecida Soncella. - 1. ed. - Curitiba : Appris, 2020. 93 p. ; 21 cm. – (Literatura).
	Inclui bibliografias ISBN 978-65-5820-014-7
	1. Sucesso. 2. Autorrealização. I. Título. II. Série.
	CDD – 158.1

Livro de acordo com a normalização técnica da ABNT

Appris
editora

Editora e Livraria Appris Ltda.
Av. Manoel Ribas, 2265 – Mercês
Curitiba/PR – CEP: 80810-002
Tel. (41) 3156 - 4731
www.editoraappris.com.br

Printed in Brazil
Impresso no Brasil

Luzia Aparecida Soncella

AS FASES DO SUCESSO

O conhecimento abre as portas para uma vida de infinitas possibilidades

FICHA TÉCNICA

EDITORIAL	Augusto V. de A. Coelho Marli Caetano Sara C. de Andrade Coelho
COMITÊ EDITORIAL	Andréa Barbosa Gouveia - UFPR Edmeire C. Pereira - UFPR Iraneide da Silva - UFC Jacques de Lima Ferreira - UP
ASSESSORIA EDITORIAL	Lucas Casarini
REVISÃO	Andrea Bassoto Gatto
PRODUÇÃO EDITORIAL	Gabrielli Masi
DIAGRAMAÇÃO	Daniela Baumguertner
CAPA	Amy Maitland
COMUNICAÇÃO	Carlos Eduardo Pereira Débora Nazário Karla Pipolo Olegário
LIVRARIAS E EVENTOS	Estevão Misael
GERÊNCIA DE FINANÇAS	Selma Maria Fernandes do Valle

COMITÊ CIENTÍFICO DA COLEÇÃO LINGUAGEM E LITERATURA

DIREÇÃO CIENTÍFICA Erineu Foerste (UFES)

CONSULTORES

Alessandra Paola Caramori (UFBA)	Leda Cecília Szabo (Univ. Metodista)
Alice Maria Ferreira de Araújo (UnB)	Letícia Queiroz de Carvalho (IFES)
Célia Maria Barbosa da Silva (UnP)	Lidia Almeida Barros (UNESP-Rio Preto)
Cleo A. Altenhofen (UFRGS)	Maria Margarida de Andrade (UMACK)
Darcília Marindir Pinto Simões (UERJ)	Maria Luisa Ortiz Alvares (UnB)
Edenize Ponzo Peres (UFES)	Maria do Socorro Silva de Aragão (UFPB)
Eliana Meneses de Melo (UBC/UMC)	Maria de Fátima Mesquita Batista (UFPB)
Gerda Margit Schütz-Foerste (UFES)	Maurizio Babini (UNESP-Rio Preto)
Guiomar Fanganiello Calçada (USP)	Mônica Maria Guimarães Savedra (UFF)
Ieda Maria Alves (USP)	Nelly Carvalho (UFPE)
Ismael Tressmann (Povo Tradicional Pomerano)	Rainer Enrique Hamel (Universidad do México)
Joachim Born (Universidade de Giessen/ Alemanha)	

À minha mãezinha, pelo amor que sempre me dedicou; ao meu pai, pela admiração que demonstrava por mim, quando eu era ainda uma criança; e a todos que acreditam que o conhecimento é uma moeda que nunca perde o seu valor, e aos que acreditam na força do querer.

Agradecimentos

Agradeço a Deus, pela luz que ilumina as minhas ações, pela força e esperança que me conduzem e que me deram sabedoria para escrever este livro.

Aos meus filhos, Matheus Soncella das Neves e Luiz Carlos S. das Neves Junior, por serem os principais impulsionadores para eu prosseguir, buscando sempre a minha melhor versão, para ser exemplo na vida deles.

À coordenadora do curso de Pedagogia, Maria Silvia Bacila (atual Secretária da Educação de Curitiba), por ser para mim um exemplo de profissional realmente comprometida com a Educação e, principalmente, por ser a pessoa que, ao ler sobre a minha trajetória na vida escolar, disse que essa história poderia se transformar em um livro, e por contribuir com minha formação a ponto de ter possibilitado tornar real o que era apenas uma promessa.

Ao Sr. Jorge Luiz Santin, por ser para mim uma referência de pessoa que sempre atuou com ética e transparência, e por acreditar que eu era capaz de concluir a formação superior desde a minha aprovação no vestibular.

À minha amiga, professora Brígida Karina, que acreditou em minha história, motivou-me e guiou os primeiros passos para a publicação deste livro.

Ao meu amigo e colega de trabalho, Pedro Mikolayczyk, por acreditar nesta obra e me encorajar a dar o pontapé inicial no processo de publicação.

Aos meus amigos, Fabio Ricardo (Fabão) e Fabiano Leite da Silva, que contribuíram para a minha entrada na melhor oportunidade de trabalho, na área de Inspeção de Soldagem, o que possibilitou os recursos financeiros para esta publicação.

Aos meus colegas de trabalho do planejamento, Franciele Negrelo e Jeverson (Tiquinho), por terem me acolhido com tanto carinho, por tornarem nossos dias de trabalho mais alegres; pessoas comprometidas com suas funções, mas que proporcionam um ambiente onde a alegria e o bom humor são a marca registrada da nossa sala.

Aos meus irmãos, Edson, Claudete, João, Sandra, Odair e Rosangela, por serem o alicerce poderoso dos laços eternos que permeiam uma família.

À minha querida amiga Mery, pelo carinho e por estar ao meu lado sempre que precisei, pela dedicação e o cuidado com nossa amizade, a qual perdura até hoje.

Muitas coisas não ousamos empreender por parecerem difíceis; entretanto, são difíceis porque não ousamos empreendê-las.

(Sêneca, Filósofo Romamo)

Apresentação

Este livro trata-se de uma trajetória de vida, uma história real, vivenciada e comprovada com resultados positivos, com criação de estratégias inimagináveis, permeada por grandes desafios e com uma esperança ontológica no coração de uma criança que sonhava com uma vida melhor. Sem recursos financeiros e nem orientações para seguir, uma condição com a qual seria impossível até mesmo alcançar na imaginação que tal vida, tal sonho, pudesse existir.

A obra se divide em sete capítulos, com início aos 7 anos de idade, em um município do interior do Paraná, lugar onde eu morava quando comecei a estudar. No primeiro capítulo – O despertar do amor pelo conhecimento – são apresentados os primeiros passos, os desafios, as dificuldades encontradas, a efetiva entrada e a permanência na escola, marcando, assim, o início da vida escolar. O segundo capítulo – Acreditar e agir – marca o início do ensino fundamental com os enfrentamentos necessários, e o trabalho infantil na roça com o intuito de comprar livros para estudar. O terceiro capítulo – A constante busca por um sonho distante – trata da turbulenta entrada no ensino médio, apontando os desafios, os obstáculos; porém, a mesma garra, a mesma esperança permeiam essa fase, que traz ensinamentos e exemplos de persistência e coragem. O quarto capítulo – A formatura do ensino médio – finalmente traz uma conquista concreta: o primeiro diploma. O quinto capítulo – Maternidade: lição de vida – traz uma fase emocionante, porém permeada de renúncias em prol do amor incondicional, o milagre da vida. O sexto capítulo – A grande sacada: ingressar na universidade – começa a dar sinais de que querer vencer significa ter percorrido metade do caminho da vitória, o auge dos esforços empenhados, estratégias, planos... Agora é vencer ou vencer; o início do ensino superior, fase difícil, carregada de responsabilidades, no entanto, com muito mais garra, força e fé. Por fim, o sétimo capítulo – E o sonho se torna realidade – mostra que sonhar é preciso, mas acreditar e agir em prol do sonho é fundamental. Embora seja difícil ingressar na universidade, o que torna ainda mais árduo é a permanência, até chegar à conclusão da formação superior. Esse capítulo nos mostra que com um plano bem elaborado é possível sim concluir e aumentar o patamar de egressos do ensino superior.

Para melhor compreender os passos seguidos no que se refere à educação e com o intuito de mostrar caminhos possíveis, por meio do conhecimento de que há uma vida de infinitas possibilidades à nossa frente, temos que acreditar que essa vida existe, ir em busca dela e, se faltar estrutura, esta deve ser criada. Com a leitura desta história o leitor poderá extrair dela conclusões importantes para melhorar a própria educação ou, ainda, ter um exemplo de como alcançar o sucesso com menos esforços e melhores resultados.

O objetivo deste livro é avaliar as nossas experiências, fazendo projeções para o futuro, usando as lentes da sabedoria, criando alternativas de acordo com os recursos disponíveis. E ao se deparar com os obstáculos, que com certeza aparecerão, trocá-los por motivação, criando estratégias para vencer cada um deles, como a autora desta obra fez em toda a sua trajetória.

Podemos refletir que a vida é cíclica e são exigidos de nós vários aspectos e diversificados papéis. O principal desafio é saber separar cada um deles e, ao mesmo tempo, caminhar junto a eles, pois a essência humana é uma pirâmide que tem como base o Amor, o Equilíbrio e o Poder — o poder das realizações.

A autora

Sumário

O DESPERTAR DO AMOR PELO CONHECIMENTO.................................19

Á desilusão não escolhe idade 21

A indagação da não matrícula 23

Finalmente, o ingresso na vida escolar 25

ACREDITAR E AGIR 29

Visão de futuro em idade prematura....................30

Trabalho: a ferramenta indispensável 33

A CONSTANTE BUSCA POR UM SONHO DISTANTE................................37

Coragem e persistência 40

Fé: acreditar no que não se vê 41

Um salto em direção ao sonho 43

A FORMATURA DO ENSINO MÉDIO 47

A esperança tem que se manter acesa 48

A conquista do primeiro diploma 51

MATERNIDADE: LIÇÃO DE VIDA 55

O nascimento dos meus filhos 56

De diarista a empregada doméstica registrada 58

A descoberta da traição..60

Diversificando atividades para continuar............62

A GRANDE SACADA: INGRESSAR NA UNIVERSIDADE 71

Estrutura econômica para o acesso à educação superior 72

O preconceito cultural..77

As estratégias para continuar estudando............84

E O SONHO SE TORNA REALIDADE 87
  Projeções para o futuro 88
  Valeu a pena acreditar 90

REFERÊNCIA 93

Prefácio

Uma boa história merece seu registro eternizado. É o que fez brilhantemente a autora ao sistematizar os fatos vivenciados em sua trajetória de vida.

Mas todas as pessoas têm seu caminho percorrido. O que faz, então, o relato de Luzia Soncella ter seu valor distinto? São as lentes que usou durante as veredas que percorreu com pedras, obstáculos, fases que pareciam intransponíveis e como uma garimpeira da vida foi polindo, polindo e fazendo de cada pedra bruta um diamante.

Hoje, coleciona pedras preciosas porque olha para cada etapa como uma vencedora. Soube usar dos percursos que tinha ao seu dispor, muitas vezes escassos, para fazer seu melhor.

Luzia Soncella, vitoriosa! Inspiração para muitos que olham para os seus problemas com paralisia, desprovidos do segredo dessa história. O movimento interior da autora sempre se plasmou no brilho dos seus olhos, na esperança que depositou na vida, no planejamento certo e seguro para vencer. Ela acreditou.

Agora, um dedo de prosa entre nós! Jamais vou me esquecer dos doces que vendia em seu tempo de estudante universitária, minha querida, quando era sua professora! Lembro-me da embalagem, dos sabores, do carinho com que preparava todos os dias seu plano vitorioso!

Recordo-me também, como uma joia da minha caixinha das melhores experiências, do dia em que lhe disse: "sua vida merece um livro!"

Aqui está!

Aproveitem, leitores, desta preciosidade que Luzia Soncella nos oferece!

Com admiração,

Maria Sílvia Bacila.

Secretária da Educação de Curitiba (PUC-PR)

O DESPERTAR DO AMOR PELO CONHECIMENTO

O conhecimento é uma moeda que nunca perde o seu valor

Essa frase foi a primeira que eu li na porta da sala da 3ª serie do ensino primário, e também a que mais me marcou, emocionalmente falando, pois veio de encontro ao que já existia dentro de mim, que era o amor pelo conhecimento.

Para começar, vou contar um pouco de como era o meu cotidiano, as condições de moradia e alimentação, enfim, tudo o que está relacionado com as necessidades básicas do nosso desenvolvimento humano.

Venho de uma família simples. Morava com meus pais e irmãos, em uma casa alugada, de madeira, com quatro peças, com energia e água encanada, mas esgoto a céu aberto. Uma das casas de que eu me lembro, tinha o quarto dos meus pais e um quarto só para os sete irmãos; aliás, dormíamos os sete juntos, em uma cama de casal.

Sou a quarta filha de um total de sete filhos. Todos nós trabalhávamos na roça, como terceiros, no plantio de feijão, na colheita de café e algodão, que era a agricultura mais forte naquela cidadezinha. O pagamento era feito pelo dia trabalhado – às vezes pela produtividade, ou seja, de acordo com os quilos de grãos de café e algodão que a gente conseguia colher.

Eu tinha seis anos de idade quando meu pai começou a trabalhar com caminhão e permanecia muito tempo fora de casa viajando a trabalho. Com a sua ausência, minha mãe e todos os sete filhos tinham que trabalhar na roça para ajudar com as despesas domésticas e, com isso, garantir o sustento da família. Meu pai chegava a passar trinta, às vezes, quarenta dias viajando. Por esse motivo, até o alimento faltava em casa. Para suprir essa falta enquanto ele estava viajando, minha mãe ia para roça, trabalhar para os sitiantes ao redor da cidade, e nos levava junto, para ajudar nas tarefas de arrancar feijão, derriçar café e colher algodão, com o intuito de aumentar a produção e complementar o dinheiro para comprar o alimento que faltava.

Eu e meus irmãos trabalhávamos duro para dar uma diferença significativa no resultado dessas colheitas. Nesse mesmo período tive que aprender a fazer comida, mas eu era muito curiosa mesmo e tinha vontade de aprender. Algumas vezes, minha mãe ia para a roça e não me levava, então, eu ficava em casa com os afazeres domésticos, e aproveitava e tentava aprender a fazer comida. A primeira vez que fiz, como ainda não tinha noção, estava só com meus irmãos em casa, coloquei para cozinhar o arroz e o feijão juntos (risos). Imagina a tragédia! Olha a ideia! Cozinhar arroz e feijão juntos. Coisa de criança mesmo. Quando minha mãe chegou foi só bronca.

Nossa alimentação era um tanto quanto precária. Embora trabalhássemos na roça, onde tudo se produz, éramos privados de alimentos básicos, como frutas e verduras. Esse tipo de alimento não era acessível para nós, apesar de morarmos em uma região em que o principal ramo de atividade era a agricultura. Não comíamos pão pela manhã, pois nosso pai dizia que não tinha a necessidade de comer pão naquele horário. Ele alegava que quando ele viajava, só tomava um gole de café e prosseguia a viagem, sendo assim, dizia que nós deveríamos fazer igual a ele, pois naquela região não se tinha o hábito de comer pão de manhã. Então nossa alternativa era colocar farinha de milho no café para saciar a vontade de comer pão. No almoço, comíamos arroz com feijão, mandioca, ovo e sardinha. Às vezes, tinha linguiça, porém aquelas bem ruim mesmo, que era puro sebo. E assim vivíamos, minha mãe, eu e meus irmãos, todos crianças, trabalhando na roça e a espera da volta do nosso pai, que se tornara caminhoneiro.

Ao completar 7 anos, no ano de 1980, em um pequeno município do interior do Paraná chamado Lunardelli, nascia em mim uma grande vontade de ir à escola, aprender a ler e escrever, para conhecer o mundo. Era o meu coração que pedia, mas não sei por que razão, não fui para a escola naquele ano.

A desilusão não escolhe idade

No ano seguinte, a vontade de estudar era ainda maior. Esperei ansiosa pelo dia do início das aulas. Arranjei uma sacolinha plástica que vinha com chinelas havaianas naquela época e coloquei dentro um caderno, um lápis e uma borracha. No dia do início das aulas, eu estava lá feliz da vida, radiante, toda arrumadinha, no horário certo, como se eu já soubesse como o sistema funcionava.

Doce ilusão... Eu imaginava que iniciaria as aulas naquele dia mesmo, como todos os coleguinhas que lá estavam, aguardando o momento de serem chamados para entrar na sala de aula. Não sei como eu sabia de tudo aquilo, mas estava lá.

Segui rumo à escola com meu material na sacolinha de chinelas havaianas, material que eu mesma havia pegado dos meus irmãos mais velhos, pois eles ganhavam na escola: caderno, lápis, borracha.

Luzia Aparecida Soncella

Chegou o grande momento: o sino tocou, todos os alunos foram para o pátio da escola, para formar a fila, organizando-se com o intuito de serem chamados e encaminhados cada um para suas respectivas salas de aula. Acompanhei as crianças em direção à diretora, que estava com uma lista nas mãos, chamando pelo nome. À medida que ela ia lendo os nomes, as crianças entravam na sala indicada, mas eu não ouvi o meu nome. Já estava ficando apreensiva, não estava entendendo o motivo de a diretora não me chamar. Até que chegou a minha vez na fila. Quase todas as crianças tinham sido chamadas e tinham entrado na sala de aula. Foi, então, que me deparei com a minha primeira decepção: a diretora já havia chamado todos os nomes dos alunos que esta-vam matriculados e constavam na lista, porém, o meu nome não. Meu coração batia cada vez mais acelerado e descompassado. A diretora da escola se aproximou de mim e disse que eu não estava matriculada, pois minha mãe não havia efetuado a matrícula (momento de muita emoção e choro).

Lágrimas correram sobre meu rosto. Fui tomada por uma forte emoção, um sentimento de muita tristeza, sem saber e não entender o que estava acontecendo. Chorei muito e, com minha sacolinha de chinelas havaianas embaixo do braço, voltei para casa a pensar e indagando: por que um desejo tão grande não pôde se concretizar? Uma alegria imensa, um misto de euforia com animação foram trocados em instantes por tristeza e decepção. Não conseguia compreender, tendo em vista a grande vontade que eu tinha de começar a estudar.

Não entendia tamanha incoerência: uma criança querendo apenas estudar e, o que era mais injusto, ver as outras crianças todas entrando na sala de aula e eu ficando de fora. Eu não poderia nem ao menos imaginar que a entrada e permanência na escola se transformaria em uma Lei na Constituição brasileira, como um direito constitucional, de que todos temos de ir para a escola. A Lei n° 9394/96, no que concerne aos Princípios e Fins da Educação Nacional, diz o seguinte: "Art.2° - A educação, dever da família e do Estado, inspirada nos princípios de liberdade e nos ideais de solidariedade humana, tem por finalidade o pleno desenvolvimento do educando, seu preparo para o exercício da cidadania e sua qualificação para o trabalho".

Como justifica uma criança, que deveria ser levada à escola, ter acesso à educação, ser impedida de estudar de forma tão opressora como a apresentada naquele momento?

A indagação da não matrícula

No caminho de volta para casa, ainda inconformada, com os olhos vermelhos de chorar, encontrei minha mãe, conversando com uma vizinha no portão da casa dela (hábito das pessoas daquela região). Contei para minha mãe que a diretora não tinha me autorizado a entrar em qualquer sala de aula para estudar e perguntei por que ela havia deixado aquilo acontecer. Mesmo sendo uma criança de apenas oito anos de idade, não aceitava aquela situação. Foi aí que questionei a minha mãe: "Por que a senhora não me matriculou?". Ela disse: "Ah, porque seu pai está viajando e não deixou dinheiro para pagar a sua matrícula". Eu retruquei: "Mas e agora? Como vou estudar?". E ela respondeu: "No próximo ano você estuda". Realmente, parecia não haver qualquer solução para aquele triste problema.

Tive que engolir o choro e tentar entender, mesmo porque, vivíamos em condição tão precárias que dificilmente haveria mesmo algum dinheiro para pagar a matrícula. A diretora, por sua vez, pouco se importou. Foi taxativa e não procurou saber o motivo que levara a minha mãe a não me matricular. E, ainda, com toda frieza, disse-me: "Você não vai estudar. No próximo ano você volta".

Eu não me conformava. Pensava comigo mesma: não é possível... Eu quero tanto estudar, eu preciso estudar. Mas minha mãe não tinha essa preocupação e fiquei realmente de fora da escola, que era, para mim, uma esperança de uma vida melhor. E, assim, passei aquele ano sem estudar.

Os valores atribuídos à escola, aos estudos, nem sempre são os mesmos para todas as famílias devido às dificuldades econômicas. Para as famílias menos favorecidas, como a minha, a escola passa a ser vista como uma despesa, que irá onerá-la ainda mais. Isso eu percebi muito cedo. Meu pai, por exemplo, não queria que os estudos impedissem a gente de ir para a roça, porque tínhamos que ajudá-lo nas despesas de casa. Assim, busca-se adiar o período escolar o máximo possível. Era assim que pensavam até mesmo os dirigentes das escolas, que mesmo sabendo que eu era de família menos favorecida financeiramente, dificultavam ainda mais meu ingresso na vida escolar. O que não tem remédio, remediado está. Mas aquela situação me deixou mais antenada. Eu ficava o tempo todo falando para minha mãe que ela não podia se esquecer de me matricular, para eu não ficar de fora no ano seguinte. Aquilo se tornou, para mim, uma questão de honra. Até parecia que eu sabia, que eu mesma deveria tomar as rédeas da situação para realmente se efetivar o meu ingresso na escola.

Finalmente, o ingresso na vida escolar

Ao completar nove anos fui matriculada e, finalmente, ingressei na primeira série do ensino primário (atual ensino fundamental).

Chegou o grande dia! Meu primeiro dia de aula! Parece que sinto as emoções até hoje. Fiquei super feliz. Meu coração vibrava de emoção, estava nas nuvens, sensação única difícil de descrever. Posso dizer que, naquele momento, comprovava-se em mim "a descoberta do amor pelo conhecimento"

Com o sorriso estampado no rosto, entrei na sala de aula. Iniciei a primeira série com muita alegria e satisfação. Na época, o método de ensino era tradicional, mas tudo o que me falavam para fazer, eu fazia. A professora não precisava se incomodar comigo, pois eu seguia a risca todas as regras impostas por aquele sistema.

Como vamos perceber no decorrer desta história, nem tudo são flores quando se fala em estrutura para frequentar a escola. Logo no começo, as dificuldades começaram a aparecer. Sobre o material escolar, meu pai já avisou logo que não iria comprar, que teríamos que solicitar ao governo; ele dizia que eles eram obrigados a fornecer os cadernos. E também tinha a parte de uniformes e calçados para ir para a escola. E meu pai disse: "Vai ter que ir para a escola de chinelo. Não vou comprar Bamba (tênis)". Ele deixou bem claro que não compraria, pois ele viajava por todo o Brasil de chinelo, então, na cabeça dele, a gente não precisava de "luxo" para ir à escola. Continuei indo para a roça e comprei o tal Bamba. Ele era branco e eu ia para a escola com ele. E quando chovia, eu voltava para casa descalça, para não manchar o Bamba com lama, porque só foi possível comprar um par.

Mesmo assim foi mágico, maravilhoso. Lembro-me com saudades até da minha, já falecida, primeira professora: Maria Aparecida Moreira Ribeiro. Eu a adorava. Ela era muito exigente, mas isso não me intimidava; eu fazia tudo o que ela me pedia, e fazia com amor, com vontade. Eu sabia, sentia e acreditava que era por meio do conhecimento que eu poderia progredir, que era só questão de tempo e fases que eu teria que passar, mas que alcançaria o meu maior desejo, o sonho de ter uma vida melhor. Tinha muita força, que vinha de dentro de mim; uma convicção de que eu venceria. Não sei explicar como, mas eu acreditava em meu sucesso, em minha vitória.

E assim foram os períodos, com muita garra e determinação, derrubando todos os obstáculos que apareciam na minha frente. Embora sendo apenas uma criança, com 9 anos, não tinha nada que me detinha. Nada me fazia desistir, era a força do querer que me impulsionava para frente, sempre. Eu fazia tudo com muito amor, prestava atenção em tudo, por isso tirava boas notas. Contudo, a questão da idade, em alguns momentos, era um pouco constrangedora. As crianças da sala diziam: "Nossa! Já está com 9 anos e não sabe ler?". E quando eu tirava notas altas, era porque eu era mais velha. Quando passei para a terceira série do ensino primário, os comentários continuavam: "Você está com onze anos e ainda está na terceira série?". Eu tinha que repetir sempre a mesma coisa: "É porque eu comecei com 9 anos a estudar. Eu não reprovei nenhuma série". Era uma situação nada confortável, mas eu continuava com a mesma vontade de sempre. Dessa forma, os anos foram passando e eu seguindo os ciclos e sendo aprovada em todas as séries do ensino primário.

Muita dedicação e esforço fizeram parte desse período, e os resultados iam aparecendo pouco a pouco,

AS FASES DO SUCESSO

posso dizer que essa fase foi vencida com sucesso, chegando à conclusão de que, determinação, persistência e clareza daquilo em que se acredita, fazem parte dos pilares para o sucesso, em qualquer área da nossa vida.

ACREDITAR E AGIR

Em 1986, início do ensino fundamental (5ª série), a exemplo dos anos anteriores, tudo começou bem no que diz respeito ao acesso à escola. Com um pouco mais de experiência, eu continuava gostando de estudar. Os dias de aula se seguiam e, em um dia da semana, a escola tinha como ritual hastear as bandeiras: do nosso país, do nosso estado e da nossa cidade; e nesse rito solene, cantávamos o hino nacional brasileiro.

O sinal tocava e todos caminhavam para o pátio da escola, formando várias filas, cada uma das suas respectivas salas, para expressar o patriotismo.

Para mim era um momento de extrema importância: olhos marejados, brilhantes, uma grande emoção tomava conta de todo o meu ser; a esperança brotava em minha alma, como se eu fizesse uma viagem na imaginação. Ao ouvir o som do hino, eu entendia o significado das palavras, a melodia, era como um agradecimento a minha nação. Tinha orgulho de ser brasileira. Ao começar a cantar, eu fechava os olhos e, por alguns instantes, eu sonhava, sonhava... Sonhava com um mundo melhor, uma vida digna, que, naquele momento, eu nem sabia como era, mas sabia que seria diferente do que aquela que eu vivia.

Nessa fase, um pouquinho mais esclarecida, já imaginava que talvez pudesse mesmo existir essa tal vida melhor. Instintivamente, eu sabia que o meu conhecimento valia ouro, pois ninguém poderia tirar de mim o que havia aprendido. O conhecimento nos tira da condição de oprimido e nos leva para uma condição de liberdade, e era nisso que eu acreditava.

Infelizmente, nem tudo era só alegria. À medida que o tempo ia passando, as dificuldades iam surgindo e, aos poucos, aumentando: a necessidade de ajudar nas despesas de casa continuava existindo; comprar calçados para ir para a escola também; os cadernos a gente ganhava, mas agora precisava comprar os livros para estudar. Meus pais, além de não terem condições de me manter na escola, também não tinham uma visão de futuro, não tinham noção de que somente por meio do conhecimento, do estudo, é que poderíamos descobrir o saber, profissionalizar-nos e, como consequência de todo esse esforço, conquistar realmente o sucesso na vida.

Os incentivos não apareciam de lado algum, os recursos começavam a fazer falta. Era hora de pôr em prática o lema: "Acreditar e agir". De onde vinha essa sabedoria, essa força, eu não sei (risos), pois era apenas uma adolescente, com meus treze anos de idade, mas sei que vinha, era muito intenso, como se fosse a força do querer.

Visão de futuro em idade prematura

A noção da importância dos estudos e a visão de futuro realmente não tinha por parte dos meus pais, mas, em minha mente, algo me dizia que existia. Realmente, a questão da motivação externa era zero, mas houve um episódio, que me marcou muito e que penso ter contribuído para aumentar a minha coragem: foi o único elogio que recebi de meu pai. Eu devia ter uns 11 anos quando ele me fez esse elogio. Ele disse assim: "Você, Luzia, tem a letra muito bonita, letra de doutora. Vai ser uma doutora". Ele queria que eu me tornasse uma doutora, mas eu ficava imaginando: será que é doutora, médica? Depois eu entendi que o que ele queria dizer é que eu seria advogada, porque eu também era muito comunicativa. Foi tão profundo para mim que me agarrei a esse simples elogio com todas as minhas forças; acreditei naquilo e carreguei sempre comigo. Posso dizer que uma boa parte da minha motivação ganhava mais vigor quando eu me lembrava das palavras ditas por meu pai com tanta convicção.

O bom desempenho também foi ponto positivo a meu favor para socialização com os colegas de sala de aula. Eu sempre tinha alguém perto de mim, fosse para fazer alguma lição ou para conversar. Quando eu iniciei a quinta série, sentia-me orgulhosa de mim mesma. À medida que eu ia avançando nas séries do ensino fundamental, eu percebia com mais clareza que, realmente, era aquilo que eu imaginava. Eu estava evoluindo, aprendendo, e o mundo ia se abrindo à minha frente. Parecia mágico, mas era o resultado da evolução intelectual que dava seus primeiros sinais.

Na continuidade, na sexta, sétima e oitava séries, era sempre assim: o meu relacionamento na escola, com os colegas de sala era muito bom, porque eu sempre tirava notas altas, ia fazendo muita amizade. Eu era muito dedicada, concentrada, com isso aprendia muito rápido com a professora, o que facilitava ainda mais meus colegas de sala querendo fazer as tarefas e os trabalhos comigo quando precisávamos formar grupos, como ressalta Mesadri (2008, p. 125):

> O bom desempenho e o bom relacionamento facilitam a vida na escola, propiciam a elevação da auto-estima, existindo maior proximidade de alunos e professores. Para crianças provinientes de classes populares isso pode ser visto como um diferencial em que é possível aferir alguma vantagem, como a aceitação e a inclusão no grupo.

Meu pai era caminhoneiro e só vivia nas estradas desse imenso Brasil. Chegava a ficar meses sem voltar para casa. Minha mãe ia para a roça e também não tinha noção da importância dos estudos na vida de uma pessoa. Por isso, ela não nos incentivava a estudar – nem eu, nem meus irmãos. Se fôssemos para a escola tudo bem, se não fôssemos, ela não procurava saber. Felizmente, isso não foi problema para mim, pois era o que eu mais gostava de fazer. Ninguém precisava insistir, a minha maior alegria era quando estava dentro de uma sala de aula. Tomei a iniciativa e fui novamente para a roça: colher algodão, arrancar feijão e derriçar café, desta vez com mais um objetivo: comprar livros.

Não era fácil enfrentar sol, às vezes, chuva, acordar às 3 horas da manhã ir para a roça e, depois da roça, ir para a escola. Mas era o que eu fazia. Acordava a essa hora, preparava a marmita, subia no caminhão de boia-fria (nome dado a quem vai para roça, porque tinha que comer a comida fria) e ia. Não tinha outra opção de trabalho naquele lugar e eu tinha que enfrentar tudo isso. Mas o que me motivava mesmo a estudar era querer melhorar de vida, fazer outra coisa, para quem sabe, um dia, ter uma profissão reconhecida no mercado de trabalho.

Muitas vezes, eu não concordava com aquela condição tão precária. O que eu queria era só o básico, o mínimo, apenas uma vida digna, porém, esse mínimo era à custa de muito sacrifício, muito esforço. Então eu queria mudar aquela condição. Eu convivia com pessoas que tinham uma vida diferente da minha. À medida que eu avançava na educação básica e convivia com pessoas que tinham uma estrutura para que os filhos pudessem estudar, eu ia percebendo que era possível. Como eu não tinha esse apoio, eu mesma teria que construir o que eu chamo hoje de "criar estrutura", ter um plano e seguir firme na estrada.

Estudava no período da tarde, depois que chegava da roça. Como se não bastasse, assim que entrei para a

5ª série, meu pai arrumou uma briga com a escola: queria que eu estudasse à noite, mesmo sendo menor de idade; era proibido alunos menores de 18 anos estudar no período noturno. Ele conseguiu convencer a diretora para que eu continuasse a estudar, porém sem deixar de trabalhar durante o dia todo. Mesmo assim, meu amor pelo conhecimento não diminuía, pelo contrário, sabia que dependia do estudo para, quem sabe um dia, livrar-me daquela situação que parecia ser injusta, mas, ao mesmo tempo, era a única saída para transformar uma condição de opressão em uma vida de possibilidades.

Trabalho: a ferramenta indispensável

Como sempre, fui à luta, agora mais focada no objetivo, que eram os livros. Colhi muito algodão e consegui comprar todos os meus livros. E continuei, pois eu acreditava que quando se tem vontade e entramos em ação, tudo se torna possível. Eu não tinha condições, não tinha estrutura, mas tinha que criar oportunidades, mesmo sozinha, somente com meu trabalho.

Depois de conseguir comprar os livros com o trabalho na roça, iniciei os estudos à noite. Com a insistência do meu pai, a diretora me autorizou a estudar à noite. Trabalhei na roça por mais um tempo e, depois, comecei a trabalhar em casa de família, como empregada doméstica. Esse trabalho consistia em cuidar de uma casa de cinco peças, realizando todas as tarefas domésticas, como: lavar roupas, passar, limpar e arrumar a casa, cozinhar e ainda cuidar de uma criança de apenas 2 anos.

Os acontecimentos não escolhem data para aparecer. Nesse período tive um problema dentário, em três dentes superiores da frente. Meu pai, que tudo ele resolvia sem que precisasse gastar dinheiro, exigiu que eu arrancasse todos os meus dentes e colocasse dentadura, para não ter mais esse problema. Um absurdo, tendo em vista que eu tinha apenas 13 anos. Aproveitei uma das viagens do meu pai e fui a outro consultório dentário, de um profissional mais atualizado, lembro-me até o nome Luiz Deldotto. Esse dentista entendeu que eu não podia colocar dentadura com aquela idade, pois isso me prejudicaria mais tarde. Sem esperar meu pai voltar, tomei a atitude e iniciei um tratamento dentário mais especializado, indicado por esse profissional. Dessa forma, não seria necessário arrancar qualquer dente meu, e o dentista ainda fez uma proposta para que eu pagasse parcelado, com meu trabalho de doméstica. Trabalhei por oito meses só para pagar esse tratamento. Não tive a aprovação do meu pai, que reclamou que era muito caro, mas fiz mesmo assim, afinal de contas, eu estava pagando tudo sozinha. Fase vencida com sucesso, não fiquei sem dentes e honrei o compromisso assumido. Mais uma vitória! Ganhava mais poder e sabia que estava no caminho certo.

E olha só o resultado dos estudos aparecendo: já não fui mais para a roça, trabalhava dentro de uma casa, embora fosse serviço pesado, mas era em melhores condições do que trabalhar a céu aberto, na lavoura. Com dezesseis anos consegui um emprego em um supermercado, na função de caixa operacional. Que orgulho, meu Deus! Considerava-me inteligente, pois usava muito a matemática, que era a disciplina que mais gostava na escola, e atendia pessoas, que também era agradável para mim.

Continuava puxado trabalhar o dia todo e estudar à noite, mas era uma grande experiência. Estava em minhas mãos a resposta para as minhas indagações e para as minhas convicções, a importância do conhecimento, e em pouco tempo já dominava todo o serviço. Tinha uma patroa muito dinâmica se chamava Mariana e era conhecida por todos por ser extremamente exigente. Para mim não era uma intimidação, mas uma oportunidade de aprender mais, considerava um aprendizado valioso, afinal de contas, eu já estava desenvolvendo uma profissão de muita responsabilidade: trabalhar com pessoas e com dinheiro, o que não é pouca coisa não, viu. Em contrapartida, o trabalho era dinâmico, pois atendia todo o pessoal da cidade. Eu gostava de atender os clientes e eles gostavam de ser atendidos por mim. Meus patrões também gostavam de mim, pois eu tinha postura profissional e estava em constante aprimoramento.

E, assim, ingressei no primeiro ano do ensino médio, com muita garra e determinação, vencendo outra etapa difícil da minha trajetória. O que trago dessa fase é a certeza de que, mesmo que seja difícil, vale a pena "acreditar e agir" em prol daquilo que está dentro de você. Quando há amor e dedicação, aliados a um plano, as coisas acontecem. E foi realmente possível, terminei o ensino fundamental e iniciei o primeiro ano do ensino médio.

A CONSTANTE BUSCA POR UM SONHO DISTANTE

Este capítulo trata da turbulenta entrada no ensino médio, apontando os desafios e os obstáculos por mim enfrentados. Porém a mesma garra, a mesma esperança permeiam essa fase que, exigiram de mim persistência e coragem, e principalmente, maturidade que não são fáceis de encontrar em uma pessoa com tão pouca idade.

Uma trajetória escolar é acompanhada de uma trajetória de vida, e a escola se insere nesse contexto, faz parte do cotidiano das pessoas. Mas os acontecimentos ocorridos na vida, dependendo da sua dimensão, interferem sobremaneira na escola, podendo, inclusive, os estudos serem interrompidos. E comigo não foi diferente. Eu cursava o primeiro ano do ensino médio, e como estava trabalhando no supermecado e meu tempo acabava ficando todo ocupado, fui morar na casa da minha irmã mais velha, porque então ela podia me ajudar a cuidar da minha roupa e da minha alimentação.

Àquela época, comecei a frequentar bailes e conheci um rapaz que morava em uma cidade vizinha. Eu gostava dele, e na tentativa de me tornar mais atraente para impressioná-lo, resolvi cuidar da saúde; e para melhorar meu corpo, comecei a fazer caminhada bem cedinho, antes de ir trabalhar. Eu ia sempre com minha amiga. Éramos muito ligadas uma a outra e eu estava bem animada com as caminhadas.

Um belo dia, numa dessas caminhadas, tive a ideia de me bronzear, e pedi para minha amiga dicas de como me bronzear mais rápido. Ela me ensinou uma receita de chá de figo: eu deveria ferver as folhas do figo e, posteriormente, passar no corpo e me expor ao sol durante 20 minutos. Por coincidência, na casa da minha irmã tinha um pé de figo, e como sou uma pessoa muito curiosa, já fui logo preparar a tal receita, sem ao menos consultar direito como funcionava.

Dessa forma, um dia, no intervalo do meu almoço no trabalho, no supermercado, preparei o chá, apliquei no meu corpo todo e fiquei 20 minutos no sol. Terminada a hora do almoço, voltei a trabalhar. Minha pele havia ficado bem quente e eu fiquei esperando baixar a temperatura, porém, para minha surpresa, ela só aumentava. Por volta das 18h, minha pele continuava muito quente e vermelha, sentia muita ardência no corpo e uma sensação de que a pele estava esticando e se enchendo de bolhas. Uma imensa dor tomava conta de mim. Mesmo assim fui para a escola, segurando aquela dor. Assisti duas aulas e não aguentei mais, retornando para casa.

Consegui chegar à casa da minha irmã, deitei na cama e lá fiquei, totalmente imobilizada, com uma dor terrível. Iniciava-se ali uma reação química, queimando a minha pele pouco a pouco. O farmacêutico foi chamado e logo fui encaminhada para o hospital da cidade. O médico informou que naquele hospital não havia condições e nem recursos para me atender devido à gravidade do problema, e fui imediatamente encaminhada à Curitiba, para o Hospital Evangélico, especializado em queimados. A ambulância chegou e seguiram viagem comigo. Foram cinco horas de viagem até chegar ao hospital. Minha mãe foi junto, acompanhou-me nesse trajeto, e ela quase não aguentou presenciar tanta dor que estava estampada em meu semblante.

Chegando ao Hospital Evangélico de Curitiba, ala dos queimados, meu corpo foi totalmente enfaixado. A queimadura foi considerada grave, atingindo quase o 3° grau. Foram 20 dias, até a pele queimada ficar totalmente grudada nas faixas. Tive que receber anestesia geral, uma sensação de quase morte ao voltar da anestesia, para que as faixas fossem retiradas; parte difícil do tratamento, fui internada no dia 25 de outubro de 1990. Eu não podia comer e tinha que esperar o enfermeiro para me dar a comida na boca. Eu estava enfaixada igual a uma múmia. Passado esse período, tive alta, mas permaneci em Curitiba, na casa da minha tia, para me recuperar e realizar os curativos necessários. No hospital também enfrentei a questão social, que é como os profissionais da saúde encaram cada situação dos acidentes que acontecem. E o meu caso foi reprovado pela maioria dos profissionais e das pessoas que lá estavam, por ter sido eu que provoquei o acidente, mesmo sem querer.

Quando as pessoas da cidade ficaram sabendo que eu tinha me queimado, veio a parte mais difícil. Além de toda a dor que eu tinha sofrido, fisicamente, vinha a dor de dentro de mim, porque todos me julgavam e me acusavam, como se eu tivesse provocado aquilo de propósito. Achavam que eu tinha a obrigação de saber que eu não podia ter feito aquilo com o chá de figo. Diziam: "Onde já se viu se queimar com chá de figo?".

Foram quarenta dias para me recuperar completamente e voltar para a minha cidade. A falta de conhecimento sobre os efeitos corrosivos do ácido das folhas de figo com o sol, em contato com a pele e suas graves consequências, aliada à minha baixa estima naquela ocasião e à falta de condições financeiras para a aquisição de produtos adequados ao bronzeamento me fizeram tomar essa atitude.

Superado esse episódio, retornei para casa e voltei ao trabalho, mas junto com isso, as piadinhas começaram a surgir. Eu ficava muito revoltada. Eram várias ideias que me davam como forma de ter evitado o que havia acontecido. Falavam: "Era tão fácil evitar... Era só comprar um bronzeador", ou, "Nunca mais você vai querer tomar sol, não é mesmo, Luzia?". Aparentemente, era fácil, mas para quem vivia na condição de ter um trabalho cuja remuneração era baixa e ainda tinha o compromisso com as despesas de sobrevivência, sem sobrar nada para o supérfluo, não era tão simples. E eu não imaginei que o que eu fiz traria consequências tão graves, afinal de contas, ainda estava estudando, buscando conhecimento, então, eu não tinha essa informação e não tinha recursos para ser tão informada assim.

Coragem e persistência

Mesmo passando por todo esse sofrimento, não desisti de estudar. Logo que cheguei a minha cidade, retornei para a escola. Fiquei um total de dois meses afastada e meu retorno já foi no período de provas. Mas mesmo com o afastamento por longo tempo, realizei as provas e fui aprovada em todas as matérias, concluindo, assim, o primeiro ano do ensino médio, em 1990.

Os propósitos de uma pessoa, as metas que traça para si mesma, ainda que bem fundamentados, podem ser abalados por várias condições; mas, apesar disso, o desejo de atingir o sonho ou até mesmo de suprir as necessidades básicas é superior aos obstáculos que podem surgir na trajetória. A minha vontade de estudar era tão grande que, mesmo nas situações mais adversas que se apresentavam circunstancialmente, nada conseguia me abalar com relação a querer aprender, a querer fazer acontecer. Esse episódio foi marcante, eu sofri muita dor mesmo – dor física e dor emocional, por ter voltado para a minha casa, a minha terra Natal, e ter sido recebida daquela forma, sem acolhimento, por pessoas que conheciam a minha história – e passei a perceber que as pessoas são desumanas. Foi difícil me conformar com a reação de todos.

Aquele final de ano foi tenso. Todos queriam saber mais detalhes, sempre se referiam ao acontecido como uma coisa que eu havia provocado sem necessidade.

Fé: acreditar no que não se vê

No ano de 1991, recuperada do incidente, iniciando as atividades, minha primeira preocupação, como sempre, era ir para a escola. (Risos). Nesse período, no 2° ano do ensino médio, estava tudo bem. No trabalho, eu já tinha conquistado a confiança dos meus patrões, gostava muito de atender os clientes do supermercado e tinha muita paciência com tudo e com todos. Conhecia cada cliente, tinha um humor muito bacana, sempre alegre, rindo com todos que eu atendia. Cada um tinha o seu jeitinho e eu conseguia identificar isso também. Todos gostavam de ser atendidos por mim.

Mas no meu pensamento algo me incomodava, meu coração estava apertado. Precisava ir mais além, sonhava com uma vida melhor e não sabia o que fazer para que esse sonho, que parecia estar tão distante de mim, realizasse. Um dos meus irmãos havia se mudado para Curitiba e um dia ele me convidou para ir morar com ele. Achei a ideia interessante, mas fiquei na dúvida por muitos meses, pois eu não me via em uma cidade grande, eu não conhecia, só tinha passado por lá quando estive hospitalizada. Ao mesmo tempo eu pensava... E o meu sonho? Como iria à busca dele?

Ideias começavam a surgir em minha mente. Estávamos falando de uma capital e do pouco que eu já havia estudado, sabia que, em uma metrópole, as oportunidades são maiores. E aquela situação das pessoas sempre se aproximarem de mim para perguntarem do chá de figo trazia a lembrança da dor, era desconfortável. Sem contar mais uma desilusão: fiquei sabendo que o tal rapaz de quem eu gostava, aquele, que eu queria impressionar, havia ido embora para São Paulo. Mas o que me deixava mais inquieta é que eu já estava no 2° ano do ensino médio e não conseguia enxergar qualquer perspectiva. O que havia na minha cidade, eu já sabia muito bem. Apesar de tudo isso, resolvi me aconselhar com meu pai, que, na ocasião, trabalhava com o ônibus da prefeitura da cidade. Até me lembrei de quando eu era criança e ele dizia que iria nos levar para a cidade grande, para a gente poder trabalhar. Mas ele nunca teve coragem e isso ficou só na nossa memória, como algo impossível... Mal sabia eu que, com essa atitude, nossos pais, sem querer e sem saber, tiravam um pouquinho dos nossos sonhos, tiravam da gente uma vida de possibilidades.

Na conversa com meu pai, que foi dentro do ônibus mesmo, ele disse que me admirava muito e que torcia por mim, e que já que ele não tivera coragem de se mudar de cidade para facilitar nossa vida, disse que me dava o seu consentimento. Mas também me alertou para eu ter consciência de que mudar de cidade sozinha não seria tarefa fácil, que eu iria sofrer um pouco, mas, mesmo assim, deu-me a sua benção, dizendo para eu seguir em frente. Satisfeita com o consentimento dele, foi o que eu fiz. Acostumada a enfrentar grandes desafios, a encarar os obstáculos como aprendizados, resolvi enfrentar mais um. Enchi-me de coragem e solicitei a demissão do trabalho no supermercado.

AS FASES DO SUCESSO

Meus patrões relutaram muito, pediram para eu pensar um pouco mais, dizendo que eu estava largando um bom emprego e também a família. Realmente, uma decisão muito difícil de tomar com 18 anos de idade. O que acontecia dentro de mim, inconscientemente, era uma projeção para o futuro, que eu estava tendo a maturidade para decidir por esse caminho e nem sabia.

Um salto em direção ao sonho

Decidida a ir embora, solicitei mais uma vez a demissão. Demorou cerca de três meses para conseguir que meus patrões aceitassem o pedido, mas eu estava convicta do que eu queria, eles perceberam isso e me dispensaram. No dia 05 de abril de 1991, fiz a viagem para Curitiba. As pessoas não entendiam por que eu estava deixando a cidade, abrindo mão de um trabalho tão bom. Para a realidade daquelas pessoas, era sim um bom emprego, uma das melhores oportunidades daquele local. Muitos até supunham que eu tivesse grávida ou feito algo de errado para tomar essa decisão, aparentemente, sem motivos. Só eu sabia os motivos e o que gritava dentro de mim. Eu sofri muito também, chorei como criança ao ter que me despedir de todos e, principalmente, da minha família. Não sei de onde vinha tanta coragem e determinação, mas segui em frente.

No dia 06 de abril de 1991, cheguei a Curitiba. Estava com 18 anos e foi muito triste deixar a família, os amigos de longa data. A saudade era grande, mas, aos poucos, fui me acostumando.

Fui morar com meus irmãos. Meu irmão que havia me convidado para me mudar para Curitiba, e meu irmão caçula, eles moravam na casa do patrão do irmão mais velho, o João, e trabalhava no mesmo bairro. Chegando à

Luzia Aparecida Soncella

capital, a minha primeira preocupação, adivinha? Matricular-me na escola, dar continuidade ao então 2° ano do ensino médio. O colégio mais próximo da casa dos meus irmãos era o Colégio Estadual Homero Batista de Barros, que meu irmão Odair já estava frequentando. Esse colégio estava em época das provas. Eu copiei todas as matérias, estudei, realizei as provas e fui aprovada, O curso em que eu estava matriculada era o de Crédito e Finanças, ao qual, por sinal, adaptei-me bem, pois sempre gostei muito de matemática; identificava-me com as matérias que envolvia cálculos.

Tudo corria muito bem, estava me familiarizando com os colegas de sala, até que meu irmão Odair desistiu de estudar. Minhas tentativas em convencê-lo a prosseguir foram em vão. Tentei de tudo, mas ele não mudou de ideia. Vi-me sozinha novamente, querendo muito estudar, mas com medo de enfrentar aquelas 12 longas quadras de distância da minha casa. Teria que fazer aquele trajeto a pé e à noite, pois não tinha dinheiro suficiente para pagar ônibus. Tive que me encher de coragem e disse a mim mesma: "Vou sozinha, então, seja o que Deus quiser".

E lá fui eu, ainda amedrontada, porém determinada. As alternativas para mim eram: estudar ou estudar, então, segui em frente. Aos poucos, todas essas adversidades foram novamente substituídas por esperança e fé inabalável, com a certeza de que eu venceria.

Estudava à noite e durante o dia comecei a trabalhar como diarista, em algumas casas perto de onde morava. Ao mesmo tempo, enviei alguns currículos para tentar um emprego formal e logo fui chamada para trabalhar em uma farmácia, no centro de Curitiba, como caixa operacional. Fui registrada e comecei a trabalhar. Na primeira semana consegui desempenhar um bom trabalho, pois já tinha experiência como caixa, porém, tinha pouco dinheiro para bancar as despesas até receber, que seria após 30 dias trabalhados. A empresa fornecia apenas vale-transporte, a alimentação ficava por conta dos funcionários. No meu caso, com pouco dinheiro, na primeira semana de trabalho meu almoço era apenas uma coxinha, mas, depois, nem a coxinha podia comprar. Pensei em preparar marmita para levar, mas também não tinha como preparar, ficava, então, sem comer. Mas para ninguém ver que eu não comia, eu ia até a rua XV de Novembro, no centro de Curitiba, e passava a hora do almoço olhando as vitrines.

Não me sentia à vontade em pedir adiantamento para o gerente da farmácia, mesmo porque, as datas para pagamento eram estabelecidas no início do contrato. Não querendo reclamar das condições que eu mesma havia aceitado, pedi o desligamento da empresa e voltei a trabalhar como diarista, assim, teria dinheiro todos os dias e me alimentava nas casas onde prestava o serviço. Resolvido o problema de alimentação e dinheiro para transporte, continuei estudando, com muita dedicação nas matérias, e feliz por estar caminhando bem nas decisões tomadas naquele momento.

A FORMATURA
DO ENSINO MÉDIO

Quando completou oito meses que eu estava morando na casa cedida pelo patrão do meu irmão, mais uma surpresa desagradável: a empresa solicitou a casa para venda e exigiu que saíssemos naquele mesmo mês. Lá estava eu com outro problema para resolver. Meus irmãos conseguiram rápido um local para morar, com uns amigos em outro bairro, porém, eu não poderia ir, pois só moravam homens na casa.

Fiquei alguns dias na casa de uma tia da minha irmã, mas eram muitas pessoas em uma casa bem pequena. Tinha que sair dali. Decidi encarar uma oferta que o patrão do meu irmão mais novo Odair havia nos oferecido: morar nos fundos da empresa de usinagem onde ele trabalhava, no barracão em que era o almoxarifado, um local um tanto inadequado, por sinal. Só que teria algumas restrições: tinha horários para entrar e sair de lá, e não poderia tomar banho, pois em uma empresa de usinagem só tinha homens trabalhando. Como eu não tinha muita escolha, aceitei as condições e continuei tomando banho na casa da tia da minha irmã.

Que situação difícil, viu... Morar em um lugar que não pode se dizer que seja digno de chamar de casa. Tudo era improvisado. Mas eu, como sempre, preferia escolher a parte boa da situação. Apesar de quase não ter coisas boas, eu encontrei uma: era perto da escola (risos). E ficar ali, naquele lugar, inadequado para moradia, não me afetou. Como todas as outras situações anteriores, a minha vontade de estudar reforçava a certeza de que só o conhecimento me traria, no futuro, a liberdade de poder escolher onde morar e até mesmo de ter a dignidade para garantir pelo menos o básico para a sobrevivência, que, por sinal, está na Constituição, como direito ao cidadão, direito adquirido como ser humano, porém, não conquistado como estrutura para tal; chega a ser contraditório, aliás. Mas, enfim, nada mudou a minha motivação. Parecia que estava lá dentro, no âmago da minha alma. Era a chamada, pela psicologia, de motivação intrínseca: (é a motivação inerente ou inata de uma pessoa que não precisa de influência externa para fazer as coisas acontecerem) não desviei nada da minha direção. Fiquei lá por um tempo, porém, chegou uma hora que se tornou inviável morar naquele lugar. Eu diria até que era desumana aquela condição. Como eu já tinha feito algumas amizades por ali, conheci uma moça que morava sozinha, em um conjunto de casas, chamado beco. Ela sugeriu que eu fosse morar com ela, para dividirmos o aluguel, e, embora ela tivesse uma vida e costumes totalmente diferentes do meu, eu aceitei. A reputação dela no bairro não era das melhores, pois, como era uma mulher independente, recebia homens em casa sem muito se preocupar com os falatórios alheios. Expliquei como era meu jeito e a minha postura com relação a isso e ela me compreendeu e respeitou.

A esperança tem que se manter acesa

Tudo parecia ir se encaixando: estudando e trabalhando. Nesse meio tempo, consegui um trabalho como auxiliar de escritório numa empresa de semijoias, que ficava perto da casa em que estava morando e um pouco mais perto da escola que eu estava frequentando.

Nessa empresa eu era registrada em regime CLT (Consolidação das Leis Trabalhistas), e aos sábados trabalhava de diarista. Permaneci um período morando com a minha amiga, mas com o decorrer do tempo percebi que, realmente, tínhamos valores diferentes, costumes diferentes. Eu estava focada mesmo em evoluir intelectualmente e, consequentemente, a moral tinha que evoluir junto, por isso não me sentia à vontade com a forma como ela vivia. Embora eu também respeitasse as condições da moça, eu não tinha as mesmas atitudes e não compactuava dos mesmos valores. E lá fui eu em mais uma tentativa em melhorar minhas condições de sobrevivência e moradia.

Naquele mesmo beco conheci duas meninas e um irmão delas, que moravam sozinhos. Inclusive, depois tive certo interesse por esse rapaz. Começamos a conversar para nos conhecer e acabamos estabelecendo um relacionamento. Pouco tempo depois de construído esse vínculo de amizade, nós quatro resolvemos alugar uma casa juntos. E assim fizemos: alugamos uma casa grande e nos mudamos para lá. Eu continuava estudando na mesma escola e trabalhando na mesma empresa. Permaneci firme no meu propósito e consegui chegar até o fim, ou melhor, no fim de um ciclo e início de outra fase: agora, sim, concluía o ensino médio e uma grande satisfação tomou conta de mim. Sentia-me vitoriosa. Com tantos obstáculos encontrados, foram todos vencidos, com garra, determinação, fé, vontade de vencer e muito amor pelo conhecimento.

Eu estava me sentindo leve, vencedora de um grande desafio, afinal de contas, terminar o ensino médio representa a conclusão da educação básica. Com isso, uma parte da missão foi cumprida. Agora era hora de me preparar para consolidar aquela fase com um momento de extrema importância, a formatura do ensino médio, receber o diploma.

Evento maravilhoso, carregado de muita emoção. Para assistir à solenidade, vieram, da nossa cidade, as minhas irmãs Sandra e Rosangela, junto com minha mãe. Essa formatura foi extremamente desejada, foi maravilhoso colher os resultados, que eram coerentes com todo o esforço por mim empreendido. Estava realmente muito feliz, mas na cerimônia de recebimento do diploma, um fato pelo qual não pude conter a emoção se instalou em minha mente. Nesse momento, as lágrimas rolaram no meu rosto. Veio-me a imagem do meu pai. Olhei para todos os lados e em meio a todas as pessoas que ali estavam, procurei a presença dele, um desejo imenso de vê-lo entre aquelas pessoas, a figura da pessoa que me disse um dia que eu tinha a letra bonita e que eu seria uma doutora.

Eu estava orgulhosa de mim mesma e desejava compartilhar com ele, queria muito que ele presenciasse essa conquista tão grandiosa. Os dizeres do meu pai, o fato de ele me falar um elogio, que foi poderoso para mim, parecia uma promessa divina, e eu estava nesse caminho. Eu fechava um ciclo e abria a possibilidade de seguir em frente para uma conquista maior, a qualificação profissional. Com o diploma do ensino médio eu chegava um pouquinho mais perto do meu sonho... Foi um momento de muita emoção, afinal, tudo aquilo que eu tinha ouvido dele, dentro de mim, foi no que sempre acreditei. Eu não sabia como iria conseguir, mas sabia que iria conseguir. Ele não estava lá. Não sei por qual motivo, ele não pôde estar comigo naquela hora, mas no meu pensamento ele estava presente e minha gratidão por ele veio do coração, em forma da imaginação. E foi com sinceridade que agradeci: "Obrigada, meu pai, por também ter contribuído com essa vitória".

A conquista do primeiro diploma

O diploma obtido dos graus cursados na escola, mesmo que ele ainda seja relativo à conclusão do ensino médio, já concede status a quem o possui. Especialmente em regiões afastadas dos grandes centros urbanos, torna-se um fator de distinção social, de prestígio e orgulho. Entretanto, conforme afirma Bourdieu *(apud MESADRI, 2008, p. 133):*

> A posse de um diploma, por mais prestígio que seja, não é suficiente para dar acesso ao poder econômico. A formatura torna-se uma celebração em que se quer dividir a emoção da entrega do título com todos os familiares, desejando que todos estejam presentes.

Contida toda a emoção, não deixei nada mais atrapalhar aquele momento mágico, único, em minha vida. Muitos não entenderam tamanha era a minha euforia e alegria por aquela conquista. Era como se tudo aquilo que eu acreditava estivesse sendo apresentado para mim como um presente de Deus, mas somente eu sabia os caminhos percorridos até receber aquele diploma.

Etapa vencida, ensino médio concluído, cheia de esperança, carregava em mim a certeza de que o conhecimento abre as portas para uma vida de infinitas possibilidades.

A conquista de um diploma, o acesso ao conhecimento, abre nossa mente, desconstrói preconceitos e nos prepara para construir novos conceitos. Pude perceber que os horizontes se abriam à minha frente. Embora continuasse a trabalhar na empresa de semijoias, sentia-me poderosa, mais esclarecida e até um pouco mais consciente da realidade.

Na caminhada da vida, as coisas continuam acontecendo não é mesmo? Agora, aliviada com a conclusão da educação básica com 19 anos, deparei-me com mais uma decepção...

O rapaz, irmão das amigas com quem eu morava, ainda tentávamos ter algum tipo de relacionamento, mas ele me deu de presente a tal decepção. O problema é que as expectativas de namoro existiam apenas em mim. Na ocasião, eu gostava dele, pretendia ser, quem sabe, a sua namorada, mas como a gente não escolhe o que os outros vão fazer para a gente, um belo dia, eu estava na rua, comendo um cachorro quente, quando o ônibus parou e ele desceu de mãos dadas com uma moça, a qual diziam que ele gostava.

Entrei em choque. Muito triste, voltei para casa. Minhas amigas me questionaram, tentando entender o motivo daquela tristeza. Contei o ocorrido, mas ninguém podia fazer nada. Aquela escolha era dele e eu tinha apenas que encarar a realidade como ela se apresentava. Tendo como motivação esse choque de realidade, tomei uma importante decisão e comecei a pensar na possibilidade de alugar uma casa com meus irmãos, os dois que moravam em um bairro distante de mim. Foi o que fiz: entrei em contato com meu irmão, falei da minha ideia e ele logo aceitou.

Renovava assim a esperança. Seria uma configuração diferente. Estava prestes a viver com minha família novamente. Que felicidade! Havia conquistado uma condição um pouco melhor e, então, procuramos uma casa, até que encontramos e a alugamos.

Foi tão bom que até facilitou para que chamássemos nossas irmãs, a caçula Rosangela e a outra chamada Sandra, elas ainda eram solteiras, para irem morar conosco; posteriormente, trouxemos a nossa mãe. Assim, começamos nossa vida em família, todos trabalhando, dividindo o aluguel e as despesas da casa. Um tempo depois, meu irmão mais velho, Edson Aparecido Soncella que tinha problemas na visão desde o 4 anos de idade, veio morar na mesma casa, com o intuito de fazer o transplante de córnea.

Preparei tudo o que precisava para ele vir. Não foi uma tarefa muito fácil, tendo em vista que ele já não enxergava, e viria com a mulher e os três filhos. Mais uma vez eu consegui. Contratei um convênio médico para ele, promovemos uma campanha na igreja para arrecadar dinheiro, e o transplante aconteceu. Uma alegria sem tamanho poder ajudar meu irmão. Foi uma grande satisfação, sabendo que sempre foi a luta de nossos pais. Perfeito, deu certo, transplante realizado, tudo estava indo muito bem, porém, um fato desagradável nos surpreendeu novamente.

Meu irmão passava pelo período de recuperação, quando descobrimos que o transplante havia sido rejeitado. Ele voltou ao hospital, um tempo depois se submeteu a outro transplante, mas, o mais triste, ainda estava por vir. Ficamos sabendo, pelo médico, que o transplante não funcionaria mais para ele. O motivo foi que, nas tentativas de solucionar, a doença na visão, durante os tratamentos que ele fizera no decorrer de sua vida, em uma das muitas cirurgias que havia realizado, foi queimado o canal lacrimal, impedindo, assim, que os olhos se lubrificassem. Nenhum transplante seria bem-sucedido sem as lágrimas. Momento difícil vivido por toda a família, pois tínhamos grande esperança de nosso irmão voltar a enxergar. Não foi possível, mas continuamos com fé e aceitando os desígnios de Deus.

Meu irmão acabou ficando em Curitiba e, junto com sua mulher e seus filhos, continuou sua vida, na mesma luta de sempre e honrando sua família. Ele é o nosso orgulho e exemplo de perseverança.

Já fazia um tempo que morávamos naquela casa, entre irmãos. No ano de 1993, um dos meus irmãos começou a trabalhar em uma empresa de transporte coletivo, chamada Gold Star, como cobrador do ônibus, e conheceu o motorista desse ônibus. Ele logo arrumou um jeito de apresentá-lo para mim. Como eu tinha saído daquele relacionamento indefinido, aceitei conhecer o motorista, colega de trabalho do meu irmão. Seu nome: Luiz Carlos.

Luiz Carlos era divorciado e estava só quando começamos a nos conhecer. Na sequência, ele me pediu em namoro. Achei aquilo interessante, afinal de contas, até aquele momento, nenhum outro rapaz havia me pedido em namoro. Fiquei feliz, pois tinha sentido uma atração forte por ele. Parecia até que era amor à primeira vista. Sem contar que ele tinha 20 anos a mais que eu (eu estava com 20 anos e ele com 40 anos), o que me trazia segurança e proteção. Eu sentia que podia dar certo, pois um homem com tanta experiência de vida só poderia somar e, quem sabe, a gente poderia construir uma família e, consequentemente, eu teria uma vida melhor. Aceitei o pedido de namoro e, assim, passamos aquele ano todo namorando. No final desse mesmo ano (1993), descobri que estava grávida.

Não foi uma gravidez planejada, mas foi fruto de muito amor. Tive uma sensação de esperança, carregava no ventre uma vida, sabia que minha vida se transformaria. Agora, eu me tornava responsável por um ser. Felizes com a notícia, eu e meu namorado decidimos alugar uma casa e demos início à construção da nossa família.

MATERNIDADE: LIÇÃO DE VIDA

Feliz com as novidades, mudei-me e continuei trabalhando normalmente, e fazia planos para a vida de casada. Tudo correu bem com a gravidez e ao meu primeiro filho dei o nome de Matheus, cujo significado é "enviado por Deus". A felicidade era grande, sabia que era um presente de Deus e que a maternidade traria para mim muito aprendizado, mas, ao mesmo tempo, pensava na responsabilidade de pôr um filho no mundo, mesmo porque não tínhamos estrutura, não havíamos feito um planejamento, e tudo foi acontecendo de forma natural, como é com a maioria das pessoas.

Como era de se esperar, as dificuldades começaram a aparecer ainda mais, e, junto com isso, a necessidade de ter uma profissão. Agora, eram as duas coisas: o sonho e a necessidade gritando aos quatro cantos. Permanecia, então, o pensamento em dar continuidade aos estudos e a ideia de que é o conhecimento a chave que abre portas para melhores possibilidades. E, agora, mais do que nunca, tinha que melhorar minha profissão, e comecei a fazer planos.

Em um primeiro momento, pensei: para melhorar de profissão, eu tenho que estudar mais e, para estudar mais, eu tenho que pagar. Mas como pagaria se eu não tinha dinheiro? O pouco que eu ganhava tinha que pensar no meu sustento e do meu filho. A realidade estava estampada na minha frente: em primeiro lugar era a sobrevivência, então já sabia que meu sonho em dar continuidade nos estudos iria ficar estacionado. Mesmo assim, o desejo estava dentro de mim. Sem perder a fé, meu entusiasmo permanecia, trabalhava com muita vontade e com amor.

Minha história de vida sempre foi repleta de dificuldades no que diz respeito à continuação dos estudos, porém, na mesma proporção de intensidade também marcada por uma força do querer, que ia além do imaginável.

A dimensão de problemas que se sucederam no transcorrer da minha vida, o interesse em ter uma profissão reconhecida, assume uma importância central, pois, por mais que os imprevistos me desviassem dos planos, dos sonhos e das metas estabelecidas, ainda assim, minha obstinação se manteve inabalável. Na busca de condições para cumprir o que sempre desejei, carregava comigo a certeza de que, para aumentar minha renda, ter uma vida digna e criar meu filho, o caminho era estudar para ter uma formação.

O nascimento dos meus filhos

A vida é realmente um milagre, e quando nós somos escolhidas para ser portadoras desse milagre, ser mãe se torna gratificante. É por isso que considero a maternidade uma lição de vida. Com o nascimento do meu primeiro filho, que foi em 31 de julho de 1995, sentia-me realizada. Recebi um presente divino, que foi a joia enviada por Deus para eu lapidar. Tornava-me responsável por aquele ser, filho de Deus, ao mesmo tempo em que eu tinha plena consciência das exigências que a maternidade me trazia. Ainda trabalhava como auxiliar de escritório na empresa de representação de semijoias, e para eu trabalhar, meu filho ficava aos cuidados de minha irmã Sandra. Ele tinha cólicas e chorava muito de dia e de noite. Por ele chorar tanto e provocar certo desconforto para a minha irmã, ela sugeriu que eu deixasse meu emprego, para eu mesma cuidar dele. Não encontrava nenhuma alternativa, e como já não recebia mais comissão pelas vendas das semijoias, como recebia antes da licença-maternidade, decidi solicitar a demissão para me dedicar ao meu filho. Nesse período, com oito meses de idade, ele passou por uma cirurgia de hérnia inguinal, que era a causa das cólicas e do choro constante.

Quando levamos uma vida sem programação, algumas coisas nos pegam de surpresa. Mas, dessa vez, mais uma surpresa Divina: descobri que estava grávida do meu segundo filho. O Matheus tinha apenas oito meses e eu já estava entrando no terceiro mês de gestação e não sabia. Logo, o inesperado foi trocado pela gratidão por ter sido presenteada por Deus com outra joia para eu lapidar. Eu, que considero a maternidade uma lição de vida, estava diante do milagre da vida novamente. Sentia-me mais responsável ainda, pois agora seriam dois seres; e ao meu segundo filho dei o nome de Luiz Carlos Santos das Neves Jr. (em homenagem ao pai dele). Sentia-me forte, poderosa, sabia que Deus tinha um propósito em minha vida me presenteando com outro filho. Mal sabia que estava sendo preparada para entender o amor de Deus, pois ao dar à luz ao meu segundo filho foi que compreendi o verdadeiro sentido do amor incondicional, o mesmo que Deus tem por cada um de nós porque somos únicos. Estava descobrindo as maravilhas de ser mãe com meu primeiro filho e levando a gestação do segundo filho com alegria e muito amor.

Em 24 de outubro de 1996, dei à luz a meu filho Luiz Carlos Jr. Quanta alegria, que benção em minha vida! Sentia, naquele momento de realização como mãe, que minhas forças se renovavam. Sentia que iria continuar a minha luta com ainda mais garra, um aprendizado inexplicável. Ser mãe é, sim, a melhor realização que uma mulher pode ter. Os dois foram criados como se fossem gêmeos. Eu gostava de quando andava de mãos dadas com os dois as pessoas perguntavam se eles eram gêmeos.

Mesmo com a alegria de ter dois filhos com saúde, tinha que encarar a realidade, pois era responsabilidade duplicada. Por várias ocasiões, o pai dos meus filhos permaneceu desempregado. Ele era caminhoneiro, mas trabalhava muito pouco em empresas, com emprego formal. Às vezes, ele trabalhava como autônomo, não tendo estabilidade de trabalho e tampouco renda necessária para manter a nossa família. Dessa forma, a saída para garantir o sustento dos nossos filhos e as despesas com aluguel e manutenção da casa acabavam ficando por minha conta. Como eu já não tinha mais o trabalho formal, trabalhava como diarista.

Foi um período muito difícil de enfrentar. O que mais me incomodava era não poder pagar o aluguel, pois dou muito valor a quem disponibiliza uma casa para alugar. Eu sofria com isso porque, para mim, respeito é um valor, e quando se trata do que é dos outros, essa responsabilidade é ainda maior. Então, ao menos o aluguel tínhamos que honrar, e eu tentava de tudo até encontrar uma solução. Não sei se era mesmo ironia do destino, mas até o trabalho de diarista ficou escasso.

De diarista a empregada doméstica registrada

Em uma das casas na qual trabalhava de diarista, fui convidada para trabalhar como empregada doméstica, para ser registrada e ganhar por mês. Permaneci nesse emprego durante dois anos. As donas da casa eram professoras, sendo uma delas da rede estadual de educação. Tal condição me possibilitou ter acesso a revistas e jornais de circulação diária e, com isso, mantive-me informada.

Tratava-se do jornal *Gazeta do Povo*, que elas recebiam diariamente. Como os jornais e as revistas ficavam na sala, todos os dias, pela manhã, eu iniciava o trabalho pela sala, pegava as revistas, fazia a leitura das notícias principais, algumas vezes somente o enunciado, pois tinha que ser tudo muito rápido, e comecei a ficar ligada na atualidade, acompanhando as informações mais relevantes. Vi que eu aprendia rápido, tinha um bom raciocínio lógico e uma boa comunicação, resultado dos meus estudos anteriores.

Ao mesmo tempo, as leituras, que realizava com frequência, constatavam ainda mais a minha dura realidade e me deixavam cada vez mais angustiada. Embora estivesse em um emprego estável, meu ganho não era suficiente para o que eu almejava e as perspectivas de melhoria no futuro estavam muito distantes. Tomar uma atitude tornava-se imperioso. Eu pensava: eu tenho que ganhar pelo menos dois salários mínimos! Precisava aumentar minha renda.

Sabia que aquele tipo de trabalho não me traria mais do que eu já ganhava, não porque elas não me pagavam bem, mas porque para aquela categoria, era o piso salarial. Com essa reflexão, pedi para sair daquele emprego. Conversei com minha patroa e disse que iria procurar outro trabalho. Ela não queria que eu saísse de lá, pois já estava acostumada com o meu trabalho, por isso não compreendia o motivo do meu pedido de demissão, o fato de eu ser registrada. levara ela a acreditar que estava tudo bem Mas para uma pessoa sonhadora e batalhadora como eu, não estava, pois o sonho de ter uma profissão reconhecida no mercado de trabalho gritava dentro de mim.

No período em que fiquei nesse emprego fui fazendo cursos esporádicos gratuitos, oferecidos pela prefeitura de·Curitiba. Entre eles realizei os cursos de Auxiliar Administrativo, Auxiliar de Cabeleireiro e Digitação. Os cursos foram bem-vindos, mas se configuraram como mais uma alternativa frustrada de ganho financeiro. Continuei a minha busca e após completar dois anos no trabalho de doméstica, com o acerto que fiz quando saí, iniciei um curso de Camareira, pelo Senac (Serviço Nacional de Aprendizagem Comercial). Então tentei emprego em um hotel, mas sem sucesso. Ou seja, com os cursos que fazia, obtinha mais conhecimento, mas emprego que era bom, nada.

Tive grande interesse na formação de cabeleireiro, pois era uma maneira de obter uma profissão e um rendimento melhor. Entretanto era um curso de maior duração, com um custo elevado e que eu não poderia pagar. Novamente, entrava em uma situação em que não tinha para onde correr: as oportunidades de trabalho relacionadas com minha formação de Crédito e Finanças não surgiam; no comércio era difícil, pois, por ter ficado muito tempo sem trabalho formal, era impossível comprovar experiência, então, todas as minhas tentativas eram recusadas por esse motivo. Assim, voltei a trabalhar como diarista, pois era possível obter um ganho certo e imediato. Até que cheguei à seguinte conclusão: quer saber? Eu vou cuidar dos meus filhos! O meu sonho de estudar para ter uma profissão reconhecida, vai ficar parado agora. E eu tinha isso em mente: só vou parar por enquanto, vou me dedicar aos meus filhos e depois eu vejo o que eu faço.

A descoberta da traição

Uma vida muito corrida, as tarefas não tinham fim. Só parava às 00h, quando não dava mais para ficar acordada, pois além do trabalho fora, cuidava da casa, das crianças, o dia parecia curto para mim. Eu fui a quarta esposa do meu marido, ele é vinte anos mais velho do que eu, quando o conheci eu estava com vinte anos e ele quarenta anos.

Vivemos juntos por 15 anos, e no primeiro ano fui vítima da primeira traição, e nos outros anos consecutivos, sucederam-se outras. Ele nunca se importou em manter contato com outras mulheres, mesmo estando casado comigo. O que poderia ser ultrajante para muitas mulheres, motivo de indignação, revolta e separação, era encarado por mim com resignação, por diversos motivos como: o amor que eu sentia por ele, a falta de condições financeiras para cuidar dos meus filhos sozinha, a falta de emprego formal por parte do meu marido, sem que eu pudesse reivindicar uma pensão, levaram-me a passar por cima até do meu orgulho como mulher e permanecer casada, mesmo sendo traída inúmeras vezes.

Diante dessa condição, o distanciamento dos meus planos em relação aos estudos e a própria falta de autoestima fizeram com que eu não tivesse estrutura para estudar.

Na época em que eu estava trabalhando como empregada doméstica, foi um período que as traições ficaram ainda mais evidentes, eram constantes e com mulheres diferentes. Várias vezes eu descobria, porém, não podia fazer nada. Mesmo com o orgulho ferido, não me sentindo bem com aquela situação, eu procurava focar no meu objetivo, de ter vivo em minha mente o meu propósito, e os meus filhos. Temia por muitas coisas, não queria que meus filhos fossem inseguros por não terem a presença do pai, mesmo porque ele me dizia que se eu me separasse dele, nunca mais ele iria ver os meninos, além de outra preocupação a de que, em idade escolar, eles se deparassem com as mesmas dificuldades que as minhas de não poderem estudar. Era quando eu chegava à conclusão e decidia que o melhor era eu ficar do jeito que estava.

Eu não concordava com a situação, mas também não podia sair com dois filhos e ficar sozinha. Desse modo, fui vivendo, os dias foram passando, com todas as tarefas para dar conta e mais o desconforto das traições. Muitas vezes me sentia triste, mas só chorava no travesseiro, para não chorar perto das crianças. Não era só pelas traições que eu chorava, era também pela dificuldade que eu tinha e pela vontade de fazer alguma coisa diferente e não poder. Foram momentos bem difíceis pelos quais passei em relação a isso, porque, além de tudo que eu tinha que suportar, tinha que driblar esses sentimentos.

Diversificando atividades para continuar

Depois de sair do trabalho de empregada doméstica, não conseguindo trabalho com carteira assinada, comecei a vender Yakult nas ruas, oferecendo de porta em porta. Era um serviço como autônoma, uma experiência da qual eu gostei muito, pois trabalhava em contato direto com as pessoas. Eu não me considerava uma boa vendedora, por não realizar vendas significativas em grandes quantidades, entretanto, conseguia compor uma renda de meio salario mínimo mensal com as vendas. Funcionava da seguinte forma: era realizado um cadastro como vendedora autônoma, tirava o alvará na prefeitura, depois de aprovado o cadastro eu comprava da empresa os Yakults, eram emitidas as notas em meu nome, seus representantes nos passavam um setor, em quais ruas deveríamos passar, e saía com o carrinho cheio, para vender. Vendia para receber depois, então, corria-se o risco de não receber, no entanto, para a empresa, a venda era certa. Eles vendiam para nós, no momento que faturavam as notas

AS FASES DO SUCESSO

em nosso nome, era um equivalente a 12% do valor total das vendas que ganhávamos; tínhamos que esperar para receber semanalmente ou mensalmente, conforme as condições de cada cliente. Muitas vezes, quando passava em um determinado estabelecimento, a pessoa havia saído do emprego e não tinham dinheiro para pagar, assim, a gente perdia sempre.

Mas até esse valor eventual, que eu não recebia, eu contabilizava também. Eu já deixava uma reserva para cobrir os clientes que, por um motivo ou outro, não pagavam.

Numa dessas minhas vendas, lembro-me de um cliente muito exigente e sistemático com seus gastos, que até me desafiava, questionando por que ele deveria comprar os produtos de mim

Eu dizia: "A primeira vantagem é que o senhor está levando um produto de qualidade". Se o "dono" da "Yakult" me escutasse, ele iria me promover (risos). "A segunda, o senhor está contribuindo para formar o meu salário e, com esse salário, eu sustento dois filhos. O senhor quer motivo melhor para comprar Yakult? Além de adquirir um produto de qualidade, está ajudando uma pessoa a fazer o seu salário e sustentar dois filhos!". Desse dia em diante, ele passou a comprar de mim toda semana, e fazia questão de pagar direitinho.

Nesse período, meus filhos já se encontravam matriculados em uma creche, em período integral, o que me propiciava maior disponibilidade de tempo para o trabalho. E também era possível aventurar-me em outras situações. Foi o que fiz quando resolvi seguir o conselho de uma amiga, que me informou do concurso para educadora, da Prefeitura Municipal de Curitiba. Inscrevi-me, realizei as provas, mas não fui aprovada. Minha classificação ficou no número 3.200. Ao me dar conta desse resultado, que tristeza... Da hora em que eu peguei o resultado, às 13h, até às 16h, permaneci chorando, embaixo de uma árvore, com o meu carrinho de Yakult do lado. Já era uma preocupação minha não chorar perto dos meus filhos, então, chorei ali, tudo o que tinha que chorar. Na sequência, levantei e segui em frente.

Foi difícil não chorar pela reprovação nesse concurso, pois era a minha chance! Emprego na Prefeitura, salário de R$ 580,00 (quinhentos e oitenta reais), então, era tudo o que eu precisava no momento. Mas não foi dessa vez. Foram muitos concursos realizados, todos com resultados negativos. Um, inclusive, para a Caixa Econômica Federal. Então cheguei a uma constatação: eu tenho que me preparar. Não adianta fazer concurso e 'chutar'. E a maioria deles fiz sem preparação.

Resolvi partir para outras alternativas, dessa vez, a dos cursos técnicos, pois estava disposta a continuar tentando ingressar no mercado de trabalho, e só via essa possibilidade com a realização de um curso técnico, em uma instituição reconhecida e que me garantisse uma boa formação técnica, pelo menos. Participei do processo seletivo para o Curso de Técnico em Enfermagem, da Escola Politécnica da Universidade Federal do Paraná. Eram dezoito candidatos para uma vaga. Para me preparar, busquei aulas particulares de português com uma professora do meu filho, com o intuito de aprender a fazer redação. Essas aulas foram pagas com o trabalho de diarista da seguinte forma: eu chegava à casa da professora às 7h, limpava toda a casa, e ao terminar todos os serviços, às 17h, iniciava as aulas de português. Era apenas uma hora de aula por semana, ou seja, trabalhava um total de nove horas para pagar uma hora de aula, uma vez por semana, durante dois meses. Com isso, comecei a aprender a fazer redação. Mas não foi o suficiente e não obtive êxito no processo seletivo da federal, para o curso de Técnico de Enfermagem. Não atingi a nota mínima, que era de 7,0 pontos.

Mas eu persisti na realização do Curso de Técnico em Enfermagem, dessa vez em uma instituição particular, na Pontifícia Universidade Católica do Paraná - PUCPR. Participei da seleção e consegui ser aprovada. Feliz pelo resultado positivo, porém, havia mais uma barreira à minha frente: faltava o dinheiro da matrícula, e, ao mesmo tempo, necessitava pagar o aluguel da casa onde morava. Não me dei por vencida. Fui até a instituição e tentei realizar o parcelamento da matrícula, pois sabia que a partir do mês seguinte eu teria dinheiro e poderia pagar a mensalidade. Que ilusão... Foi uma tentativa em vão, de nada adiantou.

Eu, muito ingênua, acreditava que isso fosse acontecer mesmo e, confiante, fiz essa proposta para o departamento administrativo da universidade. A própria atendente do setor me questionou: "Só me responde uma coisa, Luzia. Se você não pode pagar nem a matrícula, como é que pretende pagar as mensalidades?". E continuou: "Não trabalhamos com esse sistema de parcelamento da matrícula. Infelizmente, a senhora não pode se matricular".

Fiquei arrasada, decepcionada. Saí de lá e, novamente, a vontade de chorar tomou conta de mim. Não aguentei e indaguei a Deus: "Meu Deus do céu! Eu não acredito numa coisa dessas!". Desci daquele elevador aos prantos, chorando muito, mas, então, parei e pensei: bom, é dinheiro que falta? Então eu vou ter esse dinheiro! Eu vou juntar esse dinheiro e eu vou estudar! Não vai ser isso que irá me impedir.

Foi como uma promessa que fiz ali, para mim mesma. Ao invés de deixar a revolta tomar conta de mim, troquei o choro e aquele obstáculo por uma força maior, que nem eu sabia de onde vinha. Era a força do querer, que me acompanha desde sempre.

A condição material impediu meu sonho mais uma vez. A escola deveria ser a via que proporciona o cumprimento dos objetivos de melhoria de condição de vida, entretanto, promove a realidade excludente e dissipa a esperança. Como diz Bourdieu *(apud MESADRI, 2008, p. 139)*:

> Os indivíduos são apenas as vítimas menos perdoáveis pelo efeito ideológico que a escola produz ao desvincular as disposições a seu respeito ("esperanças", "aspirações", "disposições" ou "vontade") de suas condições sociais de produção, além de não levar em conta que as condições objetivas – e, no caso particular, as leis do mercado escolar – determinam as aspirações, delimitando o grau em que podem ser satisfeitas.

Naquele momento, o que permaneceu em mim foi o sentimento de reprovação e, ao mesmo tempo, a coragem que me restava para prosseguir, junto com a convicção de que tudo dependia apenas de mim.

Numa busca desenfreada pelo dinheiro, decidi continuar trabalhando como vendedora autônoma de Yakult e aumentar as vendas de alguma forma. Então tive a ideia de levar bombons no carrinho, que uma cliente minha me ensinou a fazer. Também fazia bolo de cenoura. Confeccionava tudo à noite. Como ainda não era o suficiente, acatei o conselho da representante da empresa Yakult, que ficou minha amiga, de me oferecer para passar roupas nas casas das pessoas à noite e aos finais de semana, e foi o que eu fiz, e consegui algumas casas, aumentando um pouco meu ganho.

Um dia, em uma ocasião inesperada, encontrei uma senhora para quem eu vendia Yakult e para quem já havia trabalhado, na casa dela. Uma mulher muito sábia, que criou os quatro filhos, fazendo-os estudar. Conversamos por um tempo e eu disse a ela que os meus cursos, que eu costumava chamar de "auxiliar de qualquer coisa", não tinham servido de nada, pois eu continuava vendendo Yakult de porta em porta. Ela, percebendo a minha luta, todas aquelas dificuldades, queria me ajudar de alguma forma, e me ensinou a fazer sanduíche natural para eu vender junto com os Yakults. Mas com a experiência que ela tinha com os filhos e com a sabedoria dela, ela reconhecia que isso não resolveria o meu problema de emprego. Inconformada, ela me aconselhou: "Luzia, você precisa ter uma profissão de verdade. Tem que entrar na faculdade. Entre na área da saúde ou da educação. Escolhe Pedagogia ou Enfermagem, que você nunca ficará desempregada". Fiquei surpresa, pois ninguém nunca havia me falado aquilo com tanta convicção. E eu, diante da minha realidade, nem em sonho eu me imaginava cursando o ensino superior. Mas o que ela falou me balançou. Eita mulher sábia! Quanto bem me fez com esse conselho. Eu já a admirava, pela história que ela havia me contado sobre pôr os filhos para estudar, tendo todos eles formação superior. Ela sabia o que estava falando. E eu sempre valorizei as pessoas inteligentes, que dividiam suas experiências de sucesso comigo. Eu acreditei nela. Então continuei meus planos, agora com uma possibilidade a mais: a de ingressar em uma universidade.

A soma de todos os produtos que eu vendia, fazia com que eu levantasse um dinheiro, pagasse o aluguel, as despesas com alimentação, a creche das crianças e, ainda, pensasse em reservar dinheiro para eventuais emergências, como os períodos frequentes de desemprego de meu marido, além de tentar economizar para conseguir estudar. Nessa jornada constante de trabalho, com a ideia que a secretária da empresa Yakult me deu, fui passar roupas na casa do sr. Jorge Luz Santin aos sábados, logo sua esposa Silvia Santin, me ofereceu para que eu trabalhasse na escola deles como diarista. Nessa escola eram ministrados cursos na área de inspeção de soldagem. Era apenas um dia na semana, então, aceitei a proposta. Como no período da manhã não permanecia ninguém na escola, além da faxina eu atendia ao telefone e anotava os recados, com uma letra bem legível, que todos que lá trabalhavam entendiam e elogiavam. Até que, em um final de semana, passando roupa, ouvi minha patroa comentar com a empregada mensalista dela que necessitava de uma faxineira, em meio período, para a escola. Ouvindo o comentário dela, pensei: meu Deus, vou perder mais um "serviço" de diarista! Olha o meu desespero! Eu falei para minha patroa: "Se você pegar uma faxineira, você vai me dispensar como diarista da escola?". Ela respondeu: "Sim... Eu quero uma pessoa para trabalhar meio período e mensal. O salário é de R$ 200,00 (duzentos reais) por mês". Então, eu, para não perder mais um dia de diarista, rapidamente falei: "Ah, pode ser eu mesma!". E, assim, eu comecei a trabalhar todos os dias, das 8h às 12h. E no período da tarde, eu continuava a trabalhar com as minhas vendas.

Durante o período em que eu trabalhava como faxineira, a secretária da escola foi dispensada. Assim, recebi a proposta para trabalhar como secretária no período da tarde, porém, permaneceria fazendo a limpeza da escola no período da manhã. Que dúvida! Aceitei a proposta, e dessa vez tive que deixar a atividade como vendedora de Yakult. Foram dois anos atuando dessa forma, em duas funções, trabalhando aos sábados e domingos também. Mas foi uma grande experiência, pois meus patrões, o sr. Jorge Luiz Santin e a Sr.ª Silvia Santin, são as pessoas mais comprometidas com a ética e com a qualificação profissional de qualidade que eu já conheci, se tornaram para mim uma referência, tendo em vista que tinham na mesma hierarquia os mesmo valores que eu: honestidade e respeito.

No decorrer do trabalho houve um episódio que eu achei interessante e até engraçado. Eu conversei com uma senhora, mãe de um rapaz que estudava na universidade Tuiuti. Ele queria fazer um de nossos cursos, então, essa senhora falou comigo pelo telefone, no período da tarde — era o horário em que eu exercia a função de secretária. Passei todas as informações, conversei na mesma linguagem dela, que é uma pessoa "estudada, bem esclarecida". Era, como eu percebi, aquelas pessoas que valorizam a educação e que têm a visão de uma realidade um pouco melhor da que eu me encontrava naquele momento; e também possuem outro padrão de vida, por esse motivo, ao meu ver, tratam as pessoas de maneira diferenciada, de acordo com o nível cultural e de classe social.

Por telefone combinamos que ela iria fazer a inscrição no dia seguinte. No entanto ela apareceu de manhã, período do dia em que eu era a "faxineira", e fui abrir o portão. Quando ela entrou, passou direto e não me cumprimentou. Entrou pelo corredor, foi até a secretaria e disse que queria falar com a Luzia. Então eu falei: "Pois não, pode falar. Sou eu mesma". Ela ficou meio sem jeito, porque não tinha me cumprimentado. Foi, então, que percebeu que se tratava da mesma pessoa, que eu é quem tinha falado com ela no dia anterior. Foi naquele momento que eu percebi a diferença de visão das pessoas. Essas pessoas acham que quem trabalha de faxineira trabalham nessa função porque não tem estudo nenhum. Mas eu tinha estudo, pelo menos o ensino médio. Foi aí que eu constatei que existe uma cultura em que as pessoas excluem as outras de acordo com a classe social.

A GRANDE SACADA: INGRESSAR NA UNIVERSIDADE

Para estudar é necessário de tempo; prestar um vestibular requer preparação diária, até o dia da sua realização, e o afastamento dos estudos prejudica o desempenho e faz dos vestibulares uma sucessão de tentativas frustradas, confrontando o estudante com a educação anteriormente recebida. E quando se trata de um estudante cuja procedência seja a rede pública de ensino, as garantias de possuir conhecimento suficiente para enfrentar um vestibular altamente concorrido, como o de uma universidade pública, são bem menores. E foi exatamente o que aconteceu comigo. Foi um grande aprendizado, "uma experiência" para me familiarizar com o sistema de provas e poder assegurar um diferencial na seleção seguinte.

Eu tentei o vestibular na Universidade Federal do Paraná, no ano de 1994. Como eu gostava de matemática, tentei para Ciências Contábeis. Não tinha noção de como escolher uma formação de tão grande importância assim em nossa vida, mas escolhi, e, como era de se esperar, não tive sucesso. Isso só me mostrou o quanto me faltava preparação em relação aos estudos porque eu não tinha nem noção de como era prestar um vestibular. Estudei todo o meu período escolar numa cidade do interior, onde o ensino era bem precário; depois, na continuidade dos estudos, mesmo sendo em uma capital, estudei em um colégio da rede estadual de ensino, o Colégio Homero

Batista de Barros, que não era ruim, mas não era um colégio tido como referência.

Eu percebi, com isso, que eu teria que me preparar muito! Alguns conteúdos, nas provas do vestibular, eu imaginava; poderia até saber, se tivesse estudado; e algumas matérias, eu percebia ter um grau maior de dificuldade, como História, por exemplo, em que eu não era muito ligada. Já em redação, eu ia bem, só não dominava as técnicas de redação, não tinha um conhecimento mais elaborado, pois no ensino médio havia cursado Crédito e Finanças, então, o foco era Exatas. Nesse caso, o que era cobrado no vestibular, a parte específica, eu tinha que estudar muito mais.

Estrutura econômica para o acesso à educação superior

No Brasil é difícil estudar em qualquer nível da educação, em especial, na educação superior. Antes mesmo de ingressar é necessário preparar-se para enfrentar os processos seletivos e estudar nos famosos cursinhos. Isso custa caro, principalmente para as classes menos favorecidas, mas consiste em uma tentativa de suprir as deficiências do ensino público. Uma vez que se consegue superar a barreira do vestibular, tem-se que dispor de dinheiro para matricular-se e manter-se estudando, caso não consiga uma vaga em uma universidade pública.

Para isso, temos que recorrer a estratégias econômicas, que consistem em trabalhar mais e economizar, realizar empréstimos com os parentes, dividir despesas entre marido e mulher (quando se tem esse apoio) quitar algumas dívidas etc., antes mesmo de escolher o curso a ser realizado. Eu carregava comigo a conversa que havia tido com a minha sábia cliente e amiga, e o precioso conselho que ela havia me dado um dia. Decidi, então, que faria Pedagogia Licenciatura Plena, mesmo porque, eu já havia tentado ingressar no curso de Técnico em Enfermagem e havia fracassado. Dessa vez, iria entrar com tudo na educação, mas para ganhar. Sairia da universidade formada.

Para dar continuidade ao meu plano, pensava em como iria dispor de dinheiro para arcar com a mensalidade, tendo em vista que estava decidida a ingressar na Pontifícia Universidade Católica do Paraná (PUCPR). Assim, para eu adentrar nesse mundo de estudantes não foi diferente e as estratégias econômicas se fizeram necessárias. A questão das dificuldades econômicas sempre esteve presente, aliás, era quase impossível, nas condições em que me encontrava àquela época, iniciar um curso superior em uma universidade privada. Embora já aprendendo a economizar desde muito cedo, ainda assim se tornava inviável ingressar em um curso superior particular. Como eu sempre fui muito teimosa – no bom sentido –, parecia que nenhuma adversidade podia me derrubar, então, entrei em ação para criar a minha própria estrutura.

Comecei a aprender a economizar de forma mais eficiente. Minha amiga Mery Terezinha das Neves possuía uma condição econômica melhor e exerceu um papel fundamental em minha trajetória: contribuiu com orientações, ensinando-me a constituir reservas no intento de atingir meus objetivos. Ela me ensinou uma tática que eu gostei muito e que apliquei na prática, que consistia em guardar o dinheiro do mercado (alimentação). Primeiro, eu tinha que saber quanto eu gastava por mês com alimentação, para conseguir guardar e ter esse valor inteiro antes de gastar. Por exemplo: eu gastava R$ 90,00 (noventa reais) por mês com alimentação? Então todo mês guardava um pouquinho que sobrava, até que juntei os R$ 90,00 (noventa reais), que ia dar para eu passar os trinta dias seguintes. Depois que aprendi isso, passei a guardar R$ 100,00 (cem reais) por mês. Durante um ano, mais ou menos, foi com essa estratégia que me preparei, apenas para o início da educação superior.

Estava firme no propósito de entrar na universidade e minha amiga Meri até guardava o dinheiro para mim. O trabalho como faxineira e secretária, na escola de cursos na área de inspeção de soldagem, estava cada dia mais puxado, mas, mesmo assim, dei conta de forma satisfatória, sempre com postura profissional, executando as atividades com amor, dedicação e qualidade. Aquela situação estava difícil demais de suportar, pois além do trabalho, como naquela empresa eram ministrados cursos de qualificação profissional, eu servia o cafezinho para os alunos e, nesses momentos, eu ouvia diversos comentários pejorativos, sobre as pessoas que não estudavam, e eu me encaixava nesse grupo. Muitas vezes, eu fiquei indignada com o que escutei. Certo dia, no intervalo do curso, ao servir o café aos alunos, uma aluna comentou que as pessoas não estudam porque não querem, mas essa não é a verdade para todos. Eu, por exemplo, queria muito estudar e não podia, não tinha estrutura e nem apoio de ninguém para me qualificar. Esse comentário me deixou incomodada, foi quando resolvi intensificar as estratégias para ter a estrutura que eu precisava para ter a minha formação. Eu estava em uma condição desfavorável, mas acreditava que era possível, assim como é possível para qualquer um que tem o conhecimento como alicerce para atingir o sucesso e, também, para quem é a sua melhor versão, com os recursos disponíveis para vencer cada desafio e mudar de fase, porque o sucesso tem, sim, as suas fases. Chegou, então, o momento em que tive que tomar uma atitude radical e, para ir além, como eu estava decidida a ir, comecei solicitando a minha demissão.

Conversei com meu patrão, informando-o sobre a minha decisão, e, como era de se esperar, ele não aceitou e me advertiu: Você sabe o que está fazendo? Você pode se arrepender. Pense bem. Tem muita gente hoje que daria 'graças a Deus' por ter o emprego que você tem, ganhar o salário que você ganha. Amanhã, por exemplo, se a gente fizer um anúncio, vai ter uma fila enorme aqui na porta pedindo esse emprego. Então respondi: Eu sei disso. Tenho consciência dessa situação, conheço muito bem, porque eu vivi essa realidade muitas vezes, mas também posso estar ajudando alguém a ter um emprego, ocupando a minha vaga.

Sempre tive muito medo de ficar sem emprego. A maioria dos brasileiros, quando tem um emprego formal, segura com tudo; é comum não querer soltar nunca mais, não querer se arriscar. Mas eu aprendi um pensamento que dizia assim: você tem que acreditar e agir, tem que abrir mão de alguma coisa para ter outra, fazer uma projeção para o futuro, se quiser avançar, evoluir. Temos que mudar nosso pensamento, pensar diferente para, depois, fazer diferente. Aí, sim, haverá a possibilidade de se ter um resultado diferente. Era o que eu estava fazendo, pensando fora da caixa.

Falei para meu patrão que eu buscava uma condição melhor, que eu precisava ter uma profissão — que era o meu sonho –, e que junto com esse sonho, existia também uma necessidade. Quando criança, sem entender nada do mundo, eu acreditava que era só pelo estudo que eu poderia vencer. E o mais interessante era que, mesmo antes de ter estudado, eu já acreditava que o conhecimento abre as portas para o sucesso. Então meu patrão compreendeu meus argumentos e fez o acerto do tempo de serviço tudo certinho, pagando todos os meus direitos, como já era de se esperar pela postura ética que era sua marca registrada E foi com esse pensamento que eu pedi demissão e saí. Precisava pensar em como eu ia fazer. Eu tinha conseguido juntar um pouco de dinheiro e estava no banco. Pegaria esse valor, somaria com o acerto da minha demissão e um pouco do Fundo de Garantia, que não era muita coisa, e mais o seguro-desemprego. Somados todos esses valores, conseguiria pagar apenas quatro mensalidades na universidade; já as outras, no decorrer do ano, eu, certamente, criaria o plano b, c, d, e plano e. (risos)

Ingressar em uma universidade é sempre motivo de alegria e superação para todos que têm esse objetivo. Quando se trata de pessoas de um nível social menos favorecido, esse acontecimento chega a ser motivo de dúvida, descrença, algo quase que inacreditável ligado ao campo onírico. Mas, também, se consideramos toda a luta empreendida pelos estudantes, o acesso à universidade representa "uma vitória".

Após 13 anos da conclusão do ensino médio, final-mente me inscrevi para prestar o vestibular na Pontifícia Universidade Católica do Paraná – PUCPR. E uma grande surpresa: fui aprovada! Passei na segunda chamada, e depois que eu descobri a minha classificação (risos), que era sessenta e três. Eu não tinha ficado muito empolgada porque considerava que passar em segunda chamada era um resultado ruim. Mas depois eu acabei ficando contente, pois se eu não tivesse algum conhecimento, não teria sido aprovada, em nenhuma chamada.

E no ano de 2005 ingressei na universidade. Tinha início, ali, a construção de uma nova história, e eu tinha a certeza de que seria uma história de muitas lutas, mas, também, de vitórias.

Eu estava tão eufórica, com vontade de voltar a estudar, que parecia quando entrei na escola pela primeira vez, lá no começo, com 9 anos. Com alegria, eu dizia: "Chegou a minha vez!". Era a minha grande chance e eu ia conseguir vencer. Começava, ali, mais uma fase que, certamente, seria de sucesso, tendo em vista que eu acreditava nessa possibilidade com todas as minhas forças. Iniciei o curso no período da noite, já pensando na possibilidade de trabalhar durante o dia todo.

A seleção social se faz presente logo no início de uma trajetória. Dessa forma, os sentimentos de pertencimento/não pertencimento ao grupo dependem muito do curso, da configuração social dos estudantes de uma determinada turma.

O preconceito cultural

O começo foi tranquilo, não apareciam diferenças. Aparentemente, eram todos iguais em termos de nível escolar. Depois, com o passar do semestre, foram aparecendo as diferenças, a começar quanto às condições de como as pessoas chegavam até a universidade: cada uma com seu carro... As meninas, colegas de sala, eram bacanas, mas comecei a prestar atenção no comportamento delas e, não sei se era por causa do "jeito" que eu me vestia ou me colocava, eu percebia que elas tinham um grupo meio fechado e não foi fácil fazer amizade. Mesmo assim consegui fazer amizade com duas meninas do grupo com a qual eu tinha mais afinidade: a Brígida e a Léia, aos poucos fui me deparando, com a realidade das outras pessoas, diferente da que eu vivia, então, eu ficava sempre na minha. Foi assim no primeiro semestre, observando as diferenças e, às vezes, ficando meio perdida.

As diferenças se apresentam a todos os integrantes de uma turma. Para estudantes universitários pertencentes às camadas sociais mais populares da sociedade, o contato com os conhecimentos transmitidos pela formação superior é sempre um universo novo, repleto de novidades e desafios. São trabalhos acadêmicos a serem desenvolvidos e que requerem dedicação, exigem raciocínio apurado, leitura, interpretação, análise e síntese de textos, além de acesso a recursos, como computador, internet etc. O desempenho na realização dessas tarefas é submetido a uma avaliação formal pelo corpo de docentes e, também, uma informal, pelos estudantes da classe.

Caso os resultados não sejam os esperados, o afastamento do grupo, o isolamento e a exclusão podem se efetivar. No meu caso, à medida que essas diferenças iam se apresentando, eu tentava me adaptar, inserir-me e, principalmente, entender que essas diferenças eram exatamente pela falta do conhecimento. A minha intuição e a minha visão de futuro estavam certas, e isso só ia se confirmando a cada dia, mas eu não me abalava a ponto de desistir; eu ganhava mais forças para prosseguir.

Felizmente, as diferenças sociais que podem representar um baixo rendimento escolar para estudantes menos favorecidos, conforme diz Bourdieu *(apud MESADRI, 2008, p. 147)*, tendem "a se atenuar ao máximo e mesmo a se inverter: de fato os estudantes altamente selecionados das classes populares obtêm resultados ao menos equivalentes aos dos estudantes das altas classes".

Essa realidade foi constatada por mim mesma: eu acabei fazendo um trabalho em um grupo grande e várias meninas do grupo se surpreenderam. Elas não imaginavam que eu sabia tanta coisa. A partir disso, elas começaram a me enxergar de outra forma. Fui me aproximando mais delas e, apesar da diferença social que existia, que era grande, a distância diminuiu um pouco ao deixarmos de lado o valor social e evidenciarmos o valor intelectual, cognitivo. Assim, ficávamos de igual para igual, pois a condição social passou a ser circunstancial e a condição intelectual sempre trata de valores permanentes.

Em termos de notas e desempenho, a minha classificação estava sempre entre as cinco pessoas mais bem colocadas. Cheguei à conclusão de que a gente consegue, sim, aquilo que quer, desde que acredite e que haja esforço coerente. O tempo é curto, são muitas as informações que recebemos a todo o momento, e se você não estiver em movimento constante, na direção certa, vai ficar para trás. E toda vez que você desiste de lutar pelo que você quer, uma parte do futuro, que você jamais vai conhecer, morre. Então não desista, pague o preço e, então, terá as surpresas mais agradáveis possíveis e, com isso, o sucesso.

Conciliar os estudos com a vida requer organização de tempo, para a realização de pesquisas, leituras e atividades acadêmicas; espaço físico organizado, com os materiais necessários; recursos tecnológicos, recolhimento e silêncio para o estudo; e compreensão e apoio dos familiares. Sem falar nas demais responsabilidades que os papéis sociais que ocupamos em nossas vidas nos exigem e que, de certa forma, exercem grande influência emocional sobre nós, especialmente quando não conseguimos cumpri-los a contento. Minha participação na família em almoços, aniversários, ficaram impossíveis de acontecer, foram praticamente os 4 anos afastada, uma triste realidade, porém necessária para dar conta de estudar. Como eu já tinha meus filhos, tive que tentar cumprir adequadamente meu papel de "mãe" que sempre foi fundamental para mim. Como estudava no período noturno e, meu marido viajava, as crianças permaneciam sozinhas em casa, pois eu não tinha com quem deixá-las e tampouco dinheiro para pagar alguém para cuidar delas.

Consequentemente, o rendimento escolar das crianças diminuiu, as condições para eles frequentarem a escola no que diz respeito a uniformes e cuidado com a alimentação, logo no início, ficou difícil. O resultado aparecia com as frequentes solicitações da escola para o meu comparecimento, para conversar a respeito disso. Tentei fazer com que a pedagoga e os professores compreendessem, tendo em vista toda a minha história e que eu estava em busca de uma vida melhor, com o ingresso em um curso superior, mas não obtive essa compreensão. No conselho de classe o assunto era que meus filhos estavam sendo negligenciados, largados, e que eles tomariam uma atitude drástica.

Percebi a reação repressora dos responsáveis pela escola dos meus filhos em relação ao fato de estar estudando em uma universidade particular. Na visão da pedagoga, foi minha pior escolha, pois, entrar em um curso superior com as crianças pequenas, na escola, era sinal de abandono. Ela alegava que eu deveria esperar meus filhos crescerem mais. Nesse caso, a minha justificativa virou contra mim. Eu era, então, uma pessoa que não tinha condições nem de pagar a escola, que para pagar o transporte escolar era o maior sacrifício; as condições das crianças eles sabiam: eu só conseguia comprar um uniforme para cada um – a escola conhece a realidade de cada aluno, de cada família, e eles conheciam a minha também, porque eu estava sempre lá. Inclusive, a pedagoga comentou com os professores, no conselho de classe, onde já se viu querer estudar com os filhos precisando de mim, em idade escolar. Eu teria que pagar uma pessoa para me ajudar com as crianças, mas como? Era inviável, pois eu não podia pagar nem o transporte para ir para a universidade. Eu ia a pé!

As pedagogas da escola diziam que eu estava "louca". Por esse motivo, existiram até ameaças veladas envolvendo a tutela dos meus filhos. Uma professora, que era amiga minha — eles não eram acostumados a falar o que acontece na escola, ficar comentando, mas como era uma coisa muito séria, ela me falou —, disse para mim: "Olha, Luzia, eu ouvi um 'nominho' em um dos encontros de professores para o Conselho Tutelar, e esse nome está relacionado com você". Ela me deu o alerta, não era uma fofoca. Foi uma situação delicada, e ela quis me ajudar porque eles estavam dispostos a executar as regras do Conselho Tutelar, que é tirar a tutela dos filhos caso os pais negligenciem os cuidados com eles. Fiquei apavorada, meu Deus! Comecei a pensar em uma solução, mas, mesmo que eu soubesse que as crianças não podiam ficar sozinhas à noite, em nenhum momento eu pensei em parar de estudar, para mim, essa opção não existia. Então a solução foi mudar de turno, parece até uma ironia do destino, eu que com 13 anos de idade fui obrigada a estudar à noite para trabalhar durante o dia, agora na universidade tive que estudar no período da manhã. Felizmente foi uma alternativa que funcionou, ficou mais difícil, porém, eu ficava em casa a noite e meus filhos não ficavam mais sozinhos e a diretora não tinha motivos para acionar o conselho tutelar contra mim.

Por causa da mudança de turno, perdi a chance de concorrer à bolsa de mestrado, que consistia no prêmio Marcelino Champagnat, que a universidade oferecia aos primeiros colocados no curso, porém não poderia ter nenhuma divergência com relação a matrícula inicial. Mas isso não me afetou, o mais importante foi resolver o problema do momento, que era os cuidados com meus filhos, porque isso não espera, se faz necessário caminhar juntos e honrar o compromisso de ser mãe também.

Como se não bastassem essas dificuldades, meu marido não compreendia a minha atitude e a minha necessidade de estudar. Ainda que esse estudo fosse realizado durante a madrugada, ele reclamava de eu demorar em me deitar, chegava a ameaçar que iria rasgar e jogar fora todo o meu material. Ele não aceitava aquela situação e dizia que era um capricho meu querer estudar em uma universidade particular. Dizia-me para eu tirar foto no portal da universidade e sair fora, que não era para mim. Foram muitas críticas mesmo, porque eu deixava os afazeres da casa de lado para estudar. Os trabalhos, eu fazia de madrugada; isso, só as leituras de livros, porque eu não tinha computador em casa e quando dependia do computador, eu passava sábado e domingo na biblioteca da instituição.

Mas nada disso me intimidou e eu continuei firme no meu propósito, firme na estrada, acreditando, trabalhando incansavelmente, porque tinha a convicção de que iria vencer. E como eu havia entrado naquela abençoada universidade, ninguém tinha o direito de me tirar de lá ou de me fazer desistir. E eu "driblava" todas as dificuldades de falta de entendimento, de incompreensão e mais as dificuldades financeiras.

Pertencer à educação superior diminui o preconceito e aumenta a nossa autoestima. Cursar uma Universidade é, sem dúvida, um fator de distinção social. Eu imaginava que, ser estudante, permitir-me-ia um tratamento diferenciado em todos os meios em que a gente circulava, que minhas opiniões seriam levadas em consideração, merecendo a devida atenção e respeito. Sem contar que cursar um nível superior nos proporciona maior autonomia de ação, segurança e até mesmo a diminuição do preconceito. Eu sentia isto: as pessoas me olhavam com outro olhar. Assim, uma nova configuração à minha frente ia surgindo. Era como se a minha intuição de criança se concretizasse, um longo caminho, de fato, mas eu estava saindo da opressão e seguindo um caminho de liberdade, de esperança, a tão sonhada vida melhor que eu perseguia desde os meus 8 anos já podia ser visualizada, estava cada vez mais perto de mim e isso era extraordinário.

Após meu ingresso no curso de Pedagogia, fui convidada por minha ex-patroa, Silvia Santin, para retornar ao trabalho, acontecimento que me deixou muito envaidecida, por ter sido reconhecida pelas atividades que desenvolvi no período em que trabalhei como faxineira e secretária. Meu retorno foi marcado por outra posição, aumentando a minha autoestima. Eu me sentia bem e, por conta do curso superior, eu voltei como estagiária, uma condição diferente, foi uma grande satisfação. Eu conseguia sentir a minha própria mudança. Percebi que, quando a gente muda, não é o ambiente em que estamos inseridos que muda. O que muda é a nossa percepção em relação ao ambiente. Eu podia sentir esse poder na pele, tudo começou a ficar um pouco mais leve, como se eu tivesse dado a "volta por cima". Uma sensação muito melhor do que quando eu era faxineira. Não tenho nada contra, aliás, exercia essa atividade com muito amor, mas eu sabia que era só uma questão de tempo. Sentia-me confiante e orgulhosa de mim mesma. Minha patroa era engenheira civil e parecia que eu estava no caminho de ficar de igual para igual com ela, afinal de contas, logo eu entraria para o grupo de brasileiros que têm uma formação superior. A certeza de que eu concluiria o curso era tão grande que eu já me sentia fazendo parte desse grupo, e isso era gratificante para mim.

As estratégias para continuar estudando

O que eu tinha planejado e juntado de dinheiro para pagar o curso dava apenas para o primeiro semestre de 2005, que foi até sem dificuldade nesse início. No segundo semestre, novamente as dificuldades, pois o trabalho do meu marido era sempre incerto e nunca pude contar com ele — períodos de emprego se revezavam com a falta de trabalho. Nessas alturas, já havia conseguido entrar no Pibic, de pesquisa científica, que oferecia bolsa-auxílio, porém, esse dinheiro era destinado a cobrir as despesas com o aluguel da casa, a alimentação, a instituição que meus filhos ficavam no contraturno, etc. Nesse período eu fazia estágio remunerado na escola de cursos na área de inspeção de soldagem dos meus antigos chefes, fazia a pesquisa Pibic e, ainda, fazia bombons e sanduíches naturais para vender, o mesmo que aquela sábia mulher havia me ensinado um dia. Ela nem imaginava que eu estava na universidade. Eu os preparava de madrugada e vendia na hora do intervalo. Essas guloseimas eram feitas com muita qualidade, fazia sucesso entre as alunas da minha sala de aula, elas adoravam os produtos que eu fazia, logo já estava ficando conhecida por alunos de outras salas, até mesmo de outros blocos da universidade. Em uma dessas ocasiões que eu realizava as vendas dos bombons, uma aluna do curso de jornalismo da PUC-PR achou interessante a atividade que eu fazia para complementar a renda para pagar a mensalidade do meu curso, convidou-me para uma entrevista para fazer uma reportagem que fazia parte de um trabalho do curso de Jornalismo que ela estava concluindo. Eu aceitei com satisfação, o que me rendeu uma reportagem neste jornal (Figura 1) cujo título era: "Pelas mãos de Luzia".

Figura 1 - Reportagem "Aluna de Pedagogia da PUC-PR paga mensalidade vendendo guloseimas"

Fonte: Jornal referente ao trabalho da estudante do curso de Jornalismo - Érica Veríssimo (PUCPR-2005)

Com isso, formava um montante e ia pagando a mensalidade, sempre a mais atrasada, quando já devia duas ou três. Mesmo com tanto esforço, como as despesas eram muito altas, não sobrava dinheiro para pagar a mensalidade em dia. Foi quando tive a ideia de pleitear o crédito educacional, no Fies. Eu não consegui, então, tentei pela própria PUC-PR. Tratava-se de um crédito educativo, que concedia um desconto de 50% no valor das mensalidades, que eu deveria pagar os outros 50% ao concluir o curso, durante dois anos. E, ainda assim, tinha que reforçar a venda de bombons e sanduíches naturais para ajudar a garantir a minha permanência na universidade. Com dois anos nessas condições, resolvi me candidatar ao Prouni. Fiz o Enem e fui muito bem, por sinal, devido à redação – o tema era "O poder de transformação pela leitura", um tema que tinha tudo a ver comigo, exatamente algo em que eu mais acreditava. Novamente, estava ali, na minha frente, a confirmação de que o conhecimento transforma as pessoas e traz infinitas possibilidades. Eu era a prova viva dessa feliz constatação.

E O SONHO SE TORNA REALIDADE

Muitas vezes, o futuro pode se apresentar como uma ilusão ou uma alienação de tudo o que a realidade insiste em revelar diariamente. O que se espera é o melhor, especialmente depois de um empreendimento pessoal, como uma trajetória estudantil na educação superior.

Ao final, a expectativa é o triunfo, o sucesso, a possibilidade de se colher bons frutos e a feliz constatação de que tudo valeu a pena.

E nesta história, o inimaginável aconteceu. Eu estava radiante com a minha formação superior, não cabia dentro de mim tal poder, aquele, que idealizei um dia sem nem saber que pudesse existir em minha vida. A minha grande expectativa sempre foi a minha formação profissional e, muitas vezes, eu me pegava pensando assim: eu não acredito ainda! Fico emocionada só de pensar que eu vou terminar.

Uma emoção que transcendia qualquer outro sentimento. Pensava até que eu estava sonhando demais, que isso não era para mim. E, ao mesmo tempo, eu percebia que estava muito próximo. A euforia passava e eu mantinha acesa a minha esperança de que eu realmente conseguiria um trabalho e iria ter uma vida "normal", uma vida digna, depois que eu conquistasse a minha formação, o reconhecimento profissional, sem que eu precisasse justificar a minha ausência, explicar por que deixei de fazer alguma coisa para fazer outra, e até mesmo poder comprar o que fosse necessário para sobrevivência, ter uma vida social ativa, comprar roupas, calçados, viajar etc. Para se ter uma ideia, o período em que eu estava na universidade eu não comprei nenhuma peça de roupa. Foram quatro anos sem comprar nada, eu mesma pintava as minhas unhas, cortava meu cabelo (daquele jeito, mas cortava), para tentar me adequar o mínimo possível às alunas, que tinham um padrão totalmente diferente do meu: apresentavam-se bem vestidas, unhas feitas, cabelos escovados. Diante desse cenário, mesmo que eu não alcançasse o nível das outras alunas, não podia passar vergonha.

Eu usava o que eu tinha, às vezes, ganhava algumas roupas. A minha expectativa era ter uma vida equilibrada, pelo menos quanto ao que se é necessário para viver. Ter clareza do que a gente quer torna-se fundamental para compreendermos que é apenas um momento, uma fase, que vai se findar e o resultado irá aparecer.

As condições eram realmente desconfortáveis para mim e era muito difícil manter esse equilíbrio diante de tanta escassez. Todo início de mês eu fazia o maior esforço para superar todas as faltas: resolver os problemas que têm que ser resolvidos, pagar as contas... O aluguel e o alimento eram cruciais para mim. As outras coisas fazem muita falta, mas moradia e alimentação são o básico para o ser humano evoluir moral e intelectualmente. Eu acreditava que enquanto temos uma perspectiva, trabalhar para melhorar o padrão de vida, para poder comprar um carro, ter uma casa, torna-se uma lei constitucional.

Projeções para o futuro

Foram muitos planos, várias estratégias, porém, bastantes imprevistos também, os quais tinham que ser resolvidos quando aconteciam. São os chamados

AS FASES DO SUCESSO

"obstáculos de cada dia". Mas o que permaneceu nessa história foi a esperança, que, para mim, significa projeções para o futuro.

Querer vencer significa percorrer metade do caminho da vitória; a outra metade vem da força em resistir a todas as adversidades que encontramos pelo caminho. Essa força serve para a gente não desabar, não levar para outro lado, caminhar sempre na mesma direção, não pegar atalhos, não entrar em desespero, o que pode levar à depressão, tornando mais difícil a retomada. Nesse caso, a confiança em si é fundamental – esperança e fé, mas entendendo o verdadeiro conceito de fé, que é "acreditar naquilo que você não vê".

Muitas vezes, podemos nos frustrar, pois as adversidades não avisam, elas vêm e pronto. E é o nosso propósito que irá nos manter em pé, é aquilo que eu realmente acredito que vai funcionar para mim, mesmo porque, não é automático, pode demorar para acontecer, então, se você não tiver força suficiente, isso tudo vai parecer incoerente. A nossa euforia, o nosso pensamento positivo, amparados pelo conhecimento, atrairão as coisas boas, que virão ao nosso encontro, em forma de energia para prosseguirmos. Assim, o pensamento negativo tem que ser eliminado, para não nos atrapalhar. Não é uma tarefa fácil, pois, às vezes, as pessoas não vão além porque lhes falta essa força. A minha estava sempre ali, como uma bala na agulha. Quando eu precisava, ela era acionada no automático (risos). Eu até defini o conceito de sucesso para mim como: "Permanecer firme na estrada"; e o conceito de sorte: "Preparação x Oportunidade". Mesmo sem saber, essa era a minha marca registrada.

O futuro é o amanhã, imprevisível e incerto para todos... A perspectiva que foi me apresentada, por ser de uma classe menos favorecida, era uma abstração em forma de esperança de que todo o esforço seria recompensado, com uma condição melhor de vida, com mais dignidade.

Valeu a pena acreditar

E, assim, concretizou-se uma parte da minha trajetória de vida, intensamente vivenciada, com uma história de vitória para contar, com a certeza de que fui minha melhor versão com os recursos disponíveis. Venci os desafios, mudei de fase, legitimando-me em cada uma delas. Pude comprovar que o sucesso tem suas fases e que cada uma dessas fases foi vencida sim, de acordo com a minha realidade, com o padrão de sucesso definido por uma criança de 8 anos de idade, que apenas sonhava com uma vida melhor. Ao ler esta história, é possível ver que a esperança sempre permaneceu. O esforço era constante e eu diria que o principal ingrediente para o sucesso, entre todos já mencionados, cada um em sua fase, é o "acreditar que é possível". E uma importante constatação é ter equilíbrio emocional, por meio do conhecimento temos que levar inteligência para nossas emoções. Quando isso não for possível, buscar ajuda profissional, pois ás vezes sozinhos não conseguimos enxergar alternativas concretas que irão realmente funcionar. Ao equilibrarmos as nossas emoções, conseguiremos ativar a nossa criatividade e intuição para entrar em ação de forma assertiva, no momento certo, com precisão e colher os resultados positivos para viver a vida que merecemos viver.

Finalmente, eu concluí a minha formação e me tornei pedagoga. Meu sonho, meu objetivo, minha realização profissional e, posso dizer também, meu propósito de vida. Vou poder ajudar pessoas com orientações que podem transformar suas vidas, e incentivá-las a escrever novas histórias, assim como esta, que acabaram de ler.

Passei a fazer parte dos 5% da população com nível superior no Brasil (dados de 2005-2008). Experimentei o sabor da glória, da vitória. Com uma história de vida dessas fui escolhida, por unanimidade, pela turma de sala, para fazer o juramento no dia da cerimônia de colação de grau. E o pensamento criado por mim para compor a capa do convite de formatura foi: "Sonhar é preciso, mas acreditar e agir em prol dos sonhos é fundamental. Aliados a isso devem estar: dedicação, esperança e amor. E diante das dificuldades, quando não conseguir evitar as lágrimas, confie em Deus. Ele te dará a resposta. Os verdadeiros guerreiros se permitem chorar, porém, jamais desistem de lutar".

O juramento concedido a minha pessoa não poderia ter sido tão providencial. As palavras contidas no texto resumiam toda a minha trajetória, tudo o que eu fiz para chegar até a conclusão e fazer parte daquele momento, que eram congruentes com tudo em que eu acreditei.

Que alegria, meu Deus! Escrevendo estas linhas ainda revivo toda aquela emoção!

Com o nível superior conquistado, uma força imensa passamos a sentir: o poder toma conta do nosso ser, mas o poder saudável, torna-se possível agir em poder, o que nos fortalece e nos mostra que vencemos o desafio e nos tornamos legítimos, que o inimaginável pode acontecer para quem carrega intrinsecamente o querer vencer. Não me esqueço também da minha querida professora Maria Silva Bacila, que ao ler um trabalho que fiz na disciplina de História sobre minha trajetória na vida escolar, me disse: essa história merece um livro, reescreva essa história detalhadamente que faço a correção ortográfica para você. Sábia professora, uma mulher incrível, a qual eu tive grande admiração, foi como se ela tivesse profetizado uma promessa, que hoje apresento nestas linhas, quanta gratidão, por essa pessoa que contribuiu com minha formação e com a existência desta obra.

Foi por esse motivo que eu desejei transformar a minha história em livro, e também para passar adiante essa força, essa fé inabalável, a quem tiver a oportunidade de ler estas linhas; para inspirar pessoas a transformar as suas vidas. Ao acreditar que é possível, mesmo que pareça difícil, podemos criar nossa própria estrutura, de acordo com cada realidade, e seguir em frente com a certeza de que passaremos por todas as fases e alcançaremos o sucesso. Como diz uma frase do nosso saudoso educador Paulo Freire: "A educação não transforma o mundo, a educação transforma pessoas e pessoas transformam o mundo".

O que eu mais espero com esta obra é que acreditem em seus sonhos, mas também planejem, tenham em mente o que realmente desejam na vida... Criem sua própria estrutura, sendo sua melhor versão com os recursos disponíveis, e caminhem por essa estrada não para chegar, mas até chegar. E quando chegarem, saibam que venceram o desafio, que é legítimo e que tudo valeu a pena. O sucesso é uma fórmula exata e todos podem aprender a encontrar o caminho, percorrer suas fases, contar uma nova história e, então, viver uma vida de infinitas possibilidades.

REFERÊNCIA

MESADRI, Fernando Eduardo. **Políticas educacionais**: a trajetória de estudantes para o acesso à educação superior/Fernando Eduardo Mesadri; Orientadora, Maria Lourdes Gissi - 2008. 169 f. Dissertação (Mestrado) Pontifícia Universidade Católica do Paraná, Curitiba, 2007. p.160-164.